输电工程造价指标及其值预测研究

王佼 著

科学出版社

北京

内 容 简 介

本书从实际工作出发,设置四章;首先,论述工程造价基础知识、工程造价基础理论、组合预测方法等,其次,揭示输电工程静态造价新指标与动态造价新指标构建必要性,研究静态造价关键影响因素识别与分析方法,并基于关键影响因素研究静态造价新指标构建模式;再次,通过动态造价数据信息采集方法搜集有效数据,研究输电工程动态造价新指标构建模式;最后,提出了输电工程造价指标值预测的必要性及"动、静"指标联合控制造价建议,并分别开展了输电工程静态造价指标值与动态造价指标值预测模型研究,通过相应仿真分析验证了本书所研究方法及模型的实效性。

本书适合电力技术经济专业人员、电力工程造价管理专业人员及相关专业的教师和研究生阅读。

图书在版编目(CIP)数据

输电工程造价指标及其值预测研究/王佼著.—北京:科学出版社, 2020.5
ISBN 978-7-03-064280-6

Ⅰ.①输⋯ Ⅱ.①王⋯ Ⅲ.①输电线路-电力工程-工程造价-研究-中国 Ⅳ.①F426.61

中国版本图书馆CIP数据核字(2019)第301186号

责任编辑:范运年 / 责任校对:王萌萌
责任印制:吴兆东 / 封面设计:蓝正设计

科 学 出 版 社 出版
北京东黄城根北街16号
邮政编码:100717
www.sciencep.com

北京捷迅佳彩印刷有限公司 印刷
科学出版社发行 各地新华书店经销

*

2020年5月第 一 版 开本:720×1000 1/16
2020年5月第一次印刷 印张:8 3/4
字数:200 000
定价:98.00元
(如有印装质量问题,我社负责调换)

前　言

随着我国经济建设的发展，加快、加强电网建设的需求越发强烈。为了更好地将我国建设成为"资源节约型、环境友好型"社会，对电网建设项目，尤其是作为电网建设中的主要项目——输电工程，提出了精益化管理要求。近年来，我国输电工程造价总额呈现不断上升趋势，而国家投入电网建设的资金数量有限，就需要进一步加强对输电工程造价的管理，尤其是急需解决我国输电工程前期估算造价的合理确定问题，避免"概算超估算、预算超概算、决算超预算"的三超现象，减少工程投资浪费，达到有效管控输电工程造价、提高资金有效利用率的目的。

面对新的运行与管理模式，过去传统的造价管理不能适应新的要求。改变输电工程造价管理方法和项目管控手段，系统建立科学的造价指标及其值的预测模型，实现输电工程造价全过程的精益化管理目标，具有很高的理论价值和较强的实际意义。根据国家电网公司对于提高电力工程造价管理水平的要求，本书作者所在课题组在"静态控制、动态管理"的输变电工程造价指标体系构建方面进行了一系列的立项研究，先后开展了国家电网公司输变电工程造价评价指标体系构建、国家电网公司华北电网输变电工程造价管控方法应用及造价预测模型建立、国家电网陕西省电力公司基于数据挖掘的电力工程造价相关技术探析等项目研究工作，通过大量的调查收集和研究分析，完成了输电工程造价指标构建及对造价指标值开展的预测研究工作，在此基础上，结合工程造价和电力系统的有关基本理论，编著了本书。

本书内容共分为四章。第一章是工程造价管理基础理论体系，包括对工程造价基础知识、工程造价基础理论及相关预测方法进行归纳和介绍。第二章是输电工程静态造价新指标构建的内容体系，主要论述了输电工程静态造价新指标构建的必要性及构建流程、输电工程静态造价关键影响因素识别与分析方法、基于关键影响因素分析的静态造价新指标构建模式。第三章是输电工程动态造价新指标构建的内容体系，主要论述了输电工程动态造价新指标构建的必要性及构建流程、输电工程动态造价数据采集的标准及对象分析、基于造价指数的工程动态造价新指标构建模式。第四章是针对输电工程造价新指标开展的预测模型研究，论述输电工程造价指标值预测意义及"动、静"指标联合造价控制程序、输电工程静态造价指标值预测模型构建及应用仿真过程、输电工程动态造价指标值预测模型构建及应用仿真过程。这些内容既有传统的工程造价管控理论方法，又有最新的工程造价管控理论方法介绍，是一部较完整且针对性地论述输电工程造价新指标构建及指标值预测模型的专著。

本书的研究受到了东北电力大学课题(BSJXM-2019106)"基于'静态控制、动态管理'的输变电工程造价指标体系构建研究"的大力资助，在此表示衷心的感谢！

本书特色：

(1)高度的行业性、针对性、个性化。结合电力工程造价特点编著，为电力工程造价管理人员"量身定做"，符合读者刚性需求，更管用，更适合读者。

(2)高度的实务操作性。实实在在，立竿见影，拿来即用。

(3)新颖性和创造性。无论内容和形式均有创新，不同于以往类似书籍。本书内容和涉及的政策法规均为最新发布。

(4)注重细节，结构紧凑，不泛泛而谈，内容系统深入。

囿于科研成果、学识等方面原因，书中难免存在不妥之处，敬请读者批评指正。

作 者

2019 年 11 月

目　　录

前言
第一章　工程造价管理基础理论 ……………………………………………… 1
　　第一节　工程造价基础知识 ………………………………………………… 1
　　　　一、输电工程造价 ………………………………………………………… 1
　　　　二、工程造价指标 ………………………………………………………… 3
　　第二节　工程造价基础理论 ………………………………………………… 4
　　　　一、工程造价管理理论 …………………………………………………… 4
　　　　二、全过程工程造价管理理论 ………………………………………… 11
　　第三节　组合预测方法 …………………………………………………… 15
　　　　一、方法组合 …………………………………………………………… 15
　　　　二、模型组合 …………………………………………………………… 16
第二章　输电工程静态造价新指标构建 …………………………………… 17
　　第一节　输电工程静态造价新指标构建必要性及构建流程 …………… 17
　　　　一、输电工程静态造价新指标构建必要性 …………………………… 17
　　　　二、输电工程静态造价新指标的构建原则及流程 …………………… 20
　　第二节　输电工程静态造价关键影响因素识别与分析方法 …………… 22
　　　　一、输电工程静态造价构成费用主成分分析方法 …………………… 22
　　　　二、输电工程静态造价影响因素识别与筛选 ………………………… 35
　　　　三、输电工程静态造价关键影响因素回归及敏感性分析 …………… 37
　　第三节　基于关键影响因素的静态造价新指标构建 …………………… 52
　　　　一、基于线性关键影响因素的静态造价指标构建 …………………… 52
　　　　二、基于非线性关键影响因素的静态造价新指标构建 ……………… 53
　　　　三、输电工程静态造价新指标检验与合理性分析 …………………… 55
第三章　输电工程动态造价新指标构建 …………………………………… 64
　　第一节　输电工程动态造价新指标构建必要性及构建流程 …………… 64
　　　　一、输电工程动态造价指标失效描述 ………………………………… 64

二、输电工程动态造价新指标构建流程 ················· 65

第二节 动态造价相关数据信息的采集 ················· 66

    一、动态造价信息采集标准及对象分析 ················· 66

    二、输电动态造价数据鉴别与筛选 ················· 69

第三节 基于造价指数的输电工程动态造价新指标构建 ················· 76

    一、拉氏造价指数与派许造价指数比较分析 ················· 76

    二、输电工程造价指数的生成研究 ················· 78

    三、输电工程动态造价新指标构建 ················· 83

    四、输电工程动态造价新指标合理性分析 ················· 87

第四章 输电工程造价指标值预测模型研究 ················· 94

第一节 输电工程造价指标值预测必要性及指标联合控制
造价建议 ················· 94

    一、输电工程造价指标值预测必要性分析 ················· 94

    二、输电工程静态造价指标与动态造价指标联合造价控制路线 ················· 95

第二节 输电工程静态造价指标值预测模型构建及
应用仿真 ················· 97

    一、静态造价指标值预测仿真相关优化方法 ················· 98

    二、基于GRA-PSO-SVR方法组合的静态造价指标值预测模型构建 ·········102

    三、基于GRA-PSO-SVR组合模型的输电工程静态造价指标值
预测仿真 ················· 104

第三节 输电工程动态造价指标值间接预测模型构建及应用
仿真 ················· 115

    一、动态造价指标值相关间接预测模型 ················· 116

    二、基于GM(1,1)-BP组合预测的动态造价指标值间接预测模型构建 ·········122

    三、基于GM(1,1)-BP组合模型的输电工程动态造价指标值间接
预测仿真 ················· 123

参考文献 ················· 129

第一章 工程造价管理基础理论

第一节 工程造价基础知识

一、输电工程造价

(一)输电工程

输电工程是指电网建设中承担将电流从发电厂远距离输送到用电负荷中心的送电线路工程,具体包括输电线路本体工程、辅助设施工程等。

(二)输电工程分类

1. 按照电压等级划分

输电线路工程按照输送线路电压高低可划分为高压(110~220kV)输电线路工程、超高压(330~500kV)输电线路工程,以及特高压(750kV 及以上)输电线路工程。

2. 按架设方式划分

输电线路工程按照线路架设方式可划分为架空导线输送线路工程和地埋电缆输送线路工程(李光辉,2009)。

3. 按电流形式划分

输电线路工程按照电流输送形式可划分为交流输电线路工程和直流输电线路工程。

(三)工程造价

1. 工程造价的内涵

根据中国建设工程造价管理协会学术委员会关于工程造价的定义,工程造价有两种内涵。

第一种内涵是从投资方的视角给工程造价定义。工程造价指全部固定资产投资，即工程建设预期或实际开支的费用。在投资活动中所支付的固定资产费用及无形资产费用便构成了工程造价。从这个视角来说，工程造价就是工程投资费用，建设项目的工程造价就是建设项目固定资产投资。

第二种内涵是从社会主义商品经济和市场经济层面定义工程造价。工程造价是指工程建设过程中，预期或实际在土地市场、技术劳务市场、承包市场，以及设备市场等交易过程中所形成的建设工程总价格或建筑安装工程价格。

2. 工程造价两种含义联系与区别

本书认为工程造价的定义虽然具有两个层面的内涵，但它们是从不同角度将同一事物的本质揭示出来，所以工程造价的两种内涵并不矛盾，而且能够将造价的实质准确、全面地反映出来。那么，从工程项目建设的投资者角度分析，工程造价的实质就是在市场经济条件下，投资者"购买"建设项目所要付出的价格(即工程投资)。从工程的规划、设计单位到工程的承包商和提供商的角度分析，工程造价的实质就是，建筑市场供应主体出售劳务的价格与建筑商品的价格总和，或者特指一定范围的工程价格，例如建筑安装工程造价等。

然而，工程造价的两种内涵也存在差异，主要体现在两种含义的造价有着不尽相同的管理性质和目标，这一差异主要是由于市场经济中的需求主体与供给主体追求不同的利益所导致。在管理性质层面上理解工程造价，显然第一种造价内涵属于投资管理范畴；第二种造价内涵则属于价格管理范畴。可见，两种内涵既相互联系，又存在差异。作为项目建设费用或投资成本，投资者在工程项目建设的决策阶段与实施阶段，保证决策的正确性是其首要任务。投资者始终关注的问题，是力求在项目建设过程中，一方面不断降低工程所涉及的成本费用；另一方面不断提升工程质量水平，完善建设工程项目的各项功能，同时能够提前或如期交付建筑产品并投入使用。因此，投资者将降低工程造价作为其始终如一追求的目标(周和生和尹贻林，2008)。然而，作为承包商或供应商所追求的是较高的工程造价，因为那是他们利润或超额利润的来源，为此，他们将更多地关注工程价格。

依据输电工程造价特点，本书采用工程造价的第一种定义开展研究，即站在投资者(电网公司)视角对输电工程造价指标构建及指标值预测开展研究。

另外，由于目前我国电网建设主要以高压交流架空输电线路工程为主。因此，本书针对输电工程造价传统指标的不足，主要采用高压交流架空导线输送线路工程造价数据为样本(简称输电线路工程)开展输电工程造价指标构建及指标值预测研究，最终将本书研究思想、方法，及成果推广到其他电压等级的架空输电线路工程造价管控中。

二、工程造价指标

(一)静态造价与动态造价

1. 静态造价

静态造价(又称静态投资)是指在不考虑时间价值情况下，对于按照某一基准年的价格水平所编制的建设工程的总造价。

2. 动态造价

动态造价(又称动态投资)是指在考虑时间价值基础上，囊括了随时间、政策等变化而产生变动性资金(诸如价差、利息等)在内的造价，即动态造价。

依据目前输电工程静态造价指标失真；动态造价指标失效等问题，分别从静态造价指标与动态造价指标构建入手，通过应用预测研究构建相应输电工程造价指标值预测模型(孙安黎等，2018)，从而充分发挥本书所构建的造价指标对输电工程造价合理确定与有效控制方面的作用。

(二)造价指标与造价指数

1. 造价指标

造价指标指是指通过比较分析已竣工的工程建设项目的概算和预算等相关造价资料，从而获得一些符合工程特征的价格指标，主要包括总体造价指标和单位造价指标等。其中，总体造价指标是对建筑产品整体价格的反映，而单位造价指标是对单位长度或面积等建筑产品价格的反映。

通常基于造价指标积累、整理及分析，可以帮助工程造价人员对不同时期、不同阶段、不同个体工程项目进行评价与分析，从而实现对于工程造价的有效控制。

2. 造价指数

造价指数实质是在一定时期内，由于价格变化导致工程造价变化程度的一种反映指标，经常作为工程造价的价差调整依据。它反映了报告期同基期相比较的价格变动趋势，是研究工程造价动态性的一种重要工具。

工程造价指数主要包括综合造价指数和单项造价指数两大类。其中，综合造价指数能够将工程建设各个阶段中工程组成要素的综合价格与基期的比值较好地反映出来；单项造价指数能够将工程建设过程的各个阶段所涉及的人工、材料、设备及各项管理措施等单项价格与基期比值较好地反映出来。

第二节　工程造价基础理论

一、工程造价管理理论

在工程项目管理的各项活动中，造价管理是最核心、最重要的内容，对项目建设的成功与否起着至关重要的作用(戚安邦，2000)。工程造价管理是随着现代管理科学的发展而逐渐发展起来，世界各国学者纷纷借助管理领域中的相关理论、方法和模型对造价进行研究(路妍，2016)。

(一)工程造价管理

工程造价管理的主要研究对象是建设项目工程造价，对工程造价管理理论的研究是项目管理的基础研究工作。对于工程造价管理相关概念，国内外相关机构和学者尚未形成统一，本书针对具体研究内容，对工程造价管理的一些基本定义、概念等概述进行统一梳理和定义。

工程造价管理有两种理解。工程造价管理的第一种内涵从管理性质上看属于项目投资管理在对项目进行投资决策和实施的过程中投资者追求的是投资决策的正确性、科学性和合理性继而在具体实施过程中提高项目质量降低投资费用缩短项目工期完善项目功能从多个角度控制或降低工程造价水平，以避免或减少投资浪费现象。

工程造价管理的第二种内涵从管理性质上看，属于项目价格管理，承包商在进行造价管理过程中追求的是工程建设费用的降低，从而在土地、设备、技术、劳务和承发包市场等各类交易活动中，降低上述价格，从而降低整体工程造价水平，已获得更大利润。

从工程造价管理角度来看不同的角度导致了不同的工程造价管理也会体现出不同的利益追求(马楠等，2014)。本书在对输电工程造价进行研究中主要是从投资者的角度出发，对于工程造价管理的研究属于项目投资管理的范畴。

(二)工程造价管理主要内容

工程造价管理是以遵循经济发展规律为前提，以建设工程项目为研究对象，通过科学管控方法或措施来对工程造价进行合理确定、控制及管理的一系列活动。主要内容如下。

1. 工程造价影响因素分析

由于在实际工程中存在诸多影响工程造价的因素，对于一个复杂系统的工程造价而言，对其造价影响因素的挖掘与分析是开展造价相关管理工作的重要前提，所以工程造价影响因素研究的内容主要指挖掘与分析造价影响因素。

2. 工程造价合理值的确定

在工程建设每一阶段，工程造价管理人员需选择适宜的预测方法或模型对工程造价进行预测，从而确定工程建设每一阶段的目标费用，在整个项目工程建设过程中，由粗到细，由宏观到微观，对工程建设各阶段造价进行比较及管控，通过对前一阶段工程造价的预测来确定合理的工程造价，从而有效控制后一建设阶段工程项目投资额度，以达到建设项目工程造价全过程管理目标（徐景怡，2016）。因此，前一阶段的造价预测的科学性与准确性，将直接影响后一阶段投资控制的效果。例如，工程项目设计阶段的概算受到其前一阶段项目决策与可研阶段的估算控制（Franco et al.，2016），而且设计概算的精度将直接影响后面施工阶段的预算，以及竣工阶段结算与决算的准确性。

3. 工程造价有效管控

工程造价的有效管控是按照工程造价"精益化"的管理原则，运用一定的方法或手段，有效整合工程项目的人力、物力、财力等各类资源，将造价控制在合理范围内（申桂英和胡向真，2014），最终，实现对工程造价的有效控制，获取更好的经济效益及社会效益。在工程个体间，可以通过对造价方案比较分析使得建设方案及设计方案等得以优化，还可以通过对总体工程造价趋势分析，为相关单位投资决策或政府造价部门制定造价政策提供重要参考依据。

为了实现对建设项目工程造价的有效管理，应从工程的技术、经济、组织、信息及合同管理等层面对造价开展多维度综合管控。其中工程技术与工程经济相结合的构建造价指标及其值预测模型，是工程造价前期有效控制的重要途径。

然而，在我国建筑工程领域，由于工程技术与经济长期脱离，工程造价难以得到合理管控，有效地提高工程造价管理水平，已成为我国建筑工程领域,尤其是输电工程建设中亟待解决的问题(孙永彦和杨晶,2017),解决这一难题的关键是如何处理好项目建设过程中工程技术先进性与经济合理性之间的关系,需要我们通过开展技术比较、经济分析等一系列造价管理活动,将工程技术与经济有机结合,以保证在技术先进性的同时实现经济合理性,或者以经济合理性为目标并确保技术先进性,将有效控制工程造价的观念,融入到建设工程项目的全过程管理中(尹贻林,2002)。

工程造价的有效控制既是造价管理的目的所在,也是造价管理的核心内容(徐蓉,2014)。为实现有效控制工程造价这一目标,就需要开展输电工程造价指标合理构建,并通过对所构建造价指标的值精确预测,达到对输电工程造价前期有效管控的目标。

(三)工程造价管理类型

工程造价管理从古代的造价管理雏形发展到今天,由于我国生产力水平及国民经济的空前发展,我国工程造价管理的水平也得到了显著提高。

工程造价管理按照计价模式划分,主要包括工程定额计价和工程量清单计价两种计价模式。

1)工程定额计价模式

工程定额计价模式是指依据概预算定额中规定的分部分项子目,逐项计算工程量,并套用概预算定额单价确定直接工程费。该模式在我国很长期以来被广泛采用。另外,在定额计价模式下,按照规定的取费标准确定间接费、税金、措施费、利润等,然后将前面各项求和,再同适当的不可预见费和材料调差系数汇总,形成工程概预算。

由于我国曾经历过计划经济时期,为了使工程造价管理制度与当时的计划经济体制相适应,采取了单一的定额计价模式,即采用概预算定额单价法确定工程造价。该模式的实质就是由国家统一颁布的定额指标(即计价定额),有计划地管理建筑产品的价格(刘伊生,2009)。换言之,国家假定建筑安装产品为管理对象,统一制定建筑安装产品的概算定额和预算定额,然后通过每一单元费用计算,综合形成整体工程的价格。鉴于定额编制期的平均社会科技水平与劳动力水平能通过定额计价模式予以反映,所以该模式能够帮助造价管理主体对建设项目工程的造价进行宏观控制。另外,定额计价模式计算的程序较为简便,应用的思路较为清晰,允许专业技能知识不高的人员进行编制。因此,在建设项目工程全过程中,均可采用该模式对造价进行计算。但是,当前工程相关材料、设备、技术及工艺的更新时间不断缩短,而工程定额的编制却往往需要较长时间,因此导致定额计价模式具有一定滞后性。另外,目前"量价合一"原则是定额计价方法得以运用的主要依据,所以定额计价模式不能全面反映市场变化情况(王朝晖和曹阳,2014)。同时,在定额计价模式中,各项费用与工程量往往被假定呈线性关系,并将单位成本固定,可是现实生活中时间、政策等诸多因素的变化都会影响到工程单位成本,导致其不断变化。目前不能将由定额计价模式所计算出的工程造价作为制定投标报价的标准,因为此造价仅能反映社会平均水平,不能反映个体实际水平,若将其作为制定投标报价的标准,将导致竞标阶段缺乏竞争力等问题。

2)工程量清单计价模式

工程量清单计价模式是一种新型计价模式,该模式主要采用市场定价方式计价,与工程定额计价模式有着显著区别。在该模式下,允许建筑市场中的买卖双方依据市场信息状况、供求状况开展自由竞价,通过竞争签订合同价格(马忠苗,2010)。因此,工程量清单计价方法随着建筑市场的建立、发展与完善孕育而生。

只有建立统一的工程量清单项目,才能具体应用工程量清单计价方法(王绵斌等,2012),其过程如下:首先,制定工程量计量规则;其次,依据工程的具体施工图纸,测算出每一个清单项目的工程量；最后，结合所搜集的工程造价历史信息和经验数据，计算出工程造价。

工程量清单计价模式完成了将工程综合单价与工程量相分离的过程(即"量价分离")，所以在该模式下竞标企业可以自行编制报价，并结合工程项目所需费用、利润及潜在风险因素，综合考虑自身实力与市场环境后进行自主报价(Zhen and Xi，2010)。其中建筑产品价格(即工程造价)可通过各家企业在市场中展开的竞争最终确定，此价格既能够体现市场的公开性、公正性与公平性，又能反映企业的自身实力，还可以促进企业提升技术水平，加强施工管理。最终，通过企业自身技术管理水平全面提高，达到企业利润最大化，同时招标单位也可能通过投标企业的报价了解项目相对真实而客观的造价。然而，目前成熟的建筑市场环境在我国尚未形成，所以在我国出现了工程定额计价法和工程量清单计价法两种模式平行应用的局面。

工程造价管理按照管理性质划分，主要包括工程项目投资管理和工程项目价格管理两种。

1)工程项目投资管理

工程项目投资管理是指通过科学的方法合理确定工程造价，达到有效控制工程造价等一系列管理活动，即通过对工程项目规划的拟订、项目方案的设计等工作，开展对工程造价及其变动程度方面的测算、确定及监控等系统活动，以实现项目投资的预期目标。从相关活动范围来讲，工程造价合理确定与精确预测都属于工程造价管理活动(王振强，2004)。其中，工程造价的合理确定过程，具体指在工程项目建设的每一阶段，通过对运用合理的造价指标对备选造价方案进行比较来分析，并对造价指标值进行精确预测，从而确定合理的投资估算、合理的设计概算、合理的招投标价格、合理的施工图预算及合理的竣工结算及决算过程(牟强和贾广社，2018)，从而实现对工程造价全过程有效地控制，或者指在建设工程的不同阶段，采用符合实际的计价依据，运用科学的计算方法对工程造价进行合理确定(吴学伟，2009)。为了实现建设项目投资控制目标，获取较好的投资效益和社会效益，应在项目建设过程中通过对人力、财力及物力的合理使用，将投资决策估算、设计概算、建设项目招投价格和施工预算、竣工结算及决算，控制在上一阶段造价设定的限额范围内，并随时纠正发生的偏差。

2) 工程项目价格管理

工程项目价格管理指对建筑市场上工程项目的交易价格进行管理(陈安伟，2012)。在社会主义市场经济条件下，可从微观和宏观两个层面对工程项目价格管理进行分析。从微观管理层面分析，主要指参与工程项目建设的企业在把握市场价格信息的前提下，通过成本控制、计价、定价和竞价等一系列活动，达到对建设项目工程价格有效管理的目标。从宏观管理层面分析，主要指政府造价部门根据社会经济发展的实际需要，采用法律、行政、经济等多种管理措施来调控工程项目的价格，或运用市场管理机制，对市场主体价格行为进行规范的活动。

工程造价管理按照项目组成划分，工程项目主要可分为分部分项工程、单位工程、单项工程等。

通常，相应多个分部分项工程又可以构成一个完整的单位工程，相应多个单位工程可以构成一个完整的单项工程，而相应一个或多个单项工程可以构成一个完整的建设工程，对应各类项目所形成的工程造价分别为分部分项工程造价、单位工程造价、单项工程造价等。

1) 分部分项工程造价管理

相应多个分部分项工程造价可以构成对应单位工程造价。通常依据施工工艺、建筑部位、专业性质等进行确定，结合输电工程自身特征可将其分部分项工程造价划分为杆塔工程造价、架线工程造价、附件工程造价、基础工程造价，以及接地工程造价等。对于输电工程分部分项工程造价的管理就是对分部分项工程投资的管理。

2) 单位工程造价管理

相应多个单位工程造价可以构成对应单项工程造价。单位工程应该具备独立施工条件建筑物或构筑物，且竣工后能形成独立使用功能。那么，依据单位工程的特征，可将输电单位工程造价划分为本体工程造价、辅助设施工程造价等。对于输电单位工程造价的管理就是对单位工程投资的管理。

3) 单项工程造价管理

相应一个或多个单项工程造价可以构成整个建设工程总造价。通常单项工程在一个工程项目中应具有独立的建设文件，而且单项工程竣工后可以独立发挥生产能力。一个工程项目可以包含一个单项工程或多个单项工程，而对于输电工程项目而言，仅包含输电工程这一个单项工程。因此，对于输电工程造价的管理就是对单项工程投资(或输电建设工程项目投资)的管理。

工程造价管理按照工程建设阶段划分，主要包括工程决策阶段造价管理、设计阶段造价管理、招投标阶段造价管理、施工阶段造价管理及竣工阶段造价管理。

二、全过程工程造价管理理论

(一)全过程造价管理内涵

全过程造价管理是指覆盖建设工程策划决策及建设实施各个阶段的造价管理，包括对前期决策阶段估算管理、设计阶段概算管理、招投标阶段价格管理、施工阶段预算管理，以及竣工验收阶段结算与决算管理。

全过程造价管理是我国提出一种全新的建设项目造价管理模式，它是一种用来确定和控制建设项目造价的新方法。全过程造价管理强调建设项目造价的确定与控制是一种过程管理，也是一个项目造价决策和实施的过程，人们在项目全过程中都需要开展对于建设项目造价管理的工作(王瑞霞，2006)。

(二)全过程造价管理的内容

一套科学的建设项目全过程造价管理的方法论必须包括两个方面的基本内容：一是建设项目全过程造价管理的基本技术方法；二是建设项目全过程造价管理的辅助性技术方法。只要将这些建设项目造价管理的技术方法有机地组合在一起，就可以构成一套适用于建设项目的全过程造价管理的方法体系，它涵盖了建设项目造价管理的各个方面。

输电工程全过程造价管控是一项综合性较强的系统工程，是适应市场经济发展的必然结果。通过输电工程全过程造价的静态控制与动态管理，实现对输电工程静态造价合理有效的控制，将全过程造价管理工作变被动为主动，在建设过程的不同阶段可以采取积极措施将工程造价控制在合理的范围内。工程造价全过程各阶段造价管理主要包括决策阶段估算管理、设计阶段概算管理、招投标阶段价格管理、施工阶段预算管理，以及竣工验收阶段结算与决算管理。

1. 决策阶段造价管理

投资决算阶段估算管理即决策阶段造价管理，是通过对待建设项目的可行性与必要性进行技术经济论证（Ayadi et al.，2018），从两个或多个可行的造价方案中选择一个较优方案的分析、判断和抉择的过程。

2. 设计阶段造价管理

项目设计阶段概算管理即设计阶段造价管理，是指设计者在项目具体实施之前，根据已批准的设计概算任务书，通过拟定的建筑、安装及设备制造等所需的图纸、数据、规划等技术文件来达到待建设项目的技术和经济方面的要求（Ayodele and Ogunjuyigbe，2016）。

3. 招投标阶段造价管理

工程招投标阶段合同价格管理即招投标阶段造价管理，是指招投标过程中招标人在拟定招标文件时，应规范、正确地确定招标文件中关于工程量清单、最低投标限价（即下限拦标价）、最高投标限价（即上限拦标价），以及其他相关造价条款，从而对投标报价、合同价款进行约定。

4. 施工阶段造价管理

项目施工阶段预算管理即施工阶段造价管理。该阶段造价管理是全过程造价管理的重要组成部分，具体指在已经拟定好的设计概算、施工方案条件下，对工程预算及其变动进行预测、计算、确定和管控，从而实现企业投资预期目标。

5. 竣工阶段造价管理

建设项目竣工阶段(结)决算管理即竣工阶段造价管理，是指由投资建设单位、施工单位、设计单位、监理单位及其他相关造价部门，按照合同要求，在工程项目竣工后，参考项目批准的设计任务书等文件，并依据国家政府部门颁发的施工验收规范与质量检验标准，对工程项目总体进行检验、评价及认证的过程。

决策阶段是对项目技术、经济、工程等方面进行分析和详细比选预测影响投资变化的因素使投资估算起到控制项目总投资的作用(Bhargava et al.，2017)。据统计建设项目投资决策对工程造价影响达到 80%～90%决策的深度直接决定工程投资的精度决策的正确与否决定投资的控制合理与否(揭贤径，2013)。为了避免减少错误投资降低项目风险投资单位应对项目方案的技术性和经济性进行认真研究和比选择优选择最佳方案。

本书所开展的输电工程造价指标及应用仿真研究主要侧重在造价前期有效管控，只有将输电工程建设前期阶段造价合理确定，才能对工程建设后续各阶段造价有效控制，从而达到事半功倍的效果。

(三)全过程造价管理前期估算造价的管控方法

对于输电工程全过程造价管理中前期估算造价的管控方法，以往国家电网公司仅是采用单位长度静态或动态造价指标，结合相应预测方法或模型对具体待建设工程前期估算造价进行快速确定，从而将所预测所得的估算造价作为工程建设后期设计概算、施工预算及竣工决算等造价控制基准。然而，随着近些年输电工程新技术的不断应用，造价方案日趋复杂、建设环境日趋多样，输电工程造价传统指标及其应用预测方面都存在一定问题，导致电网公司不能有效控制输电工程造价，造成最终输电工程投资的"概算超估算、预算超概算、决算超预算"的三超现象。

本书结合输电工程建设投资主体——国家电网公司的实际需要，分别开展输电工程静态造价指标与动态造价指标的重新构建研究，并结合所构建的造价指标的样本数据特征，进行待建设工程造价指标值预测模型研究，最终将所构的一套输电工程造价前期管控方法及模型应用于实际工程中，从而使输电工程建设投资方——电网公司既能够通过适宜的造价管控方法对工程建设前期投资决策阶段估算，快速地、准确地确定以实现对后期各阶段造价的有效控制，又能够运用合理的造价分析方法对输电工程总体平均造价及其趋势进行准确分析(郭崇和王征，2015)，为造价管理部门制定相关造价政策提供重要参考依据，从而为电网公司对输电工程造价及其趋势进行管控提供有效途径(夏华丽和汪景，2016)。

随着输电工程建设的规模扩大，以及建筑行业的发展，人们更加注重建设工程造价合理确定与有效控制的实际效果，通过造价合理确定实现对输电工程造价有效控制已经成为业界的一个研究重点(竹雅东，2018)。其中，工程造价指标及指数方法是工程造价合理确定与有效控制的重要途径。

根据实践经验可以发现，输电建设工程造价指标在建设工程造价合理确定与控制方面发挥越来越重要的作用，在缺乏科学、合理的输电建设工程造价指标的情况下，很多时候人们往往凭经验来估计或采用较单一的输电工程单位长度造价指标来确定工程造价及分析其变化趋势，其分析与控制效果十分有限。本书将对静态造价开展工程静态造价新指标构建研究，通过相应预测模型对输电程静态造价指标值预测，达到合理确定和有效控制待建设工程静态造价的目的。而对动态造价开展造价指数生成研究，然后通过造价指数计算获得输电工程动态造价新指标，通过应用相关预测模型对输电工程总体平均动态造价指标值进行预测，以实现对待建设工程动态造价合理确定与有效控制。

第三节 组合预测方法

以往输电工程造价预测领域所应用的各类单一的预测模型总是有一定的适用条件或范围，且模型存在一些自身固有缺陷，容易导致单一模型在预测时其性能指标不能够得到充分发挥，本书通过对前人相关造价预测方面文献研究，发现组合预测模型可以利用不同的模型或方法、从不同的视角进行预测，可以获得系统所需的各种不同信息。另外，由于组合模型预测时利用不同模型或结合不同方法的各自预测优势，使其预测结果能够相互取长补短，改善原有方法的优化性能或模型预测的稳定性，从而大幅度提高造价预测的精确度。目前相关文献研究中，将组合模型大致分为两类：基于方法组合的预测模型与基于模型组合的预测模型。

一、方法组合

基于方法组合的预测模型是指将一种或多种方法融入到某一单一预测模型中，然后采用该组合模型对数据集进行预测，从而提升原单一模型的预测性能。其实质就是利用一种或多种优化算法对单一模型进行优化，从而改善原模型的预测性能。但是需要注意的是，优化方法往往不能单独用于数据的预测，只能通过对模型的优化达到预测数据的功效。王捷等（2009）在电力负荷预测方面，建立了蚁群优化下的神经网络组合模型，并做了仿真分析，获得了较为理想的负荷预测数据。Hong 等（2014）结合了模拟退火算法和遗传算法进行模型参数优化，建立了优化后的支持向量回归机预测模型对交通流进行预测，并与单一 SARJMA 模型进行比较，该方法组合下的预测模型预测效果更理想（Bolo et al., 2013）。将最小二乘法和混合指数平滑法引入到神经网络模型中，使得神经网络的泛化性能显著提升，实验结果证实了方法组合的预测模型对预测对象的预测更加有效。总之，基于方法组合的预测模型是指将遗传算法、粒子群算法、蚁群算法等优化算法融于单一预测模型中，通过模型参数的组合优化，提高传统单一模型的预测性能(彭金光等，2009)。

二、模型组合

无论是较早的统计模型，还是现代的非线性模型，以及智能模型等在预测时总存在着一定程度的缺陷，为了能够充分地发挥各自模型的优势，最大限度地弥补各自模型的不足(于志恒，2016)。另有一些学者提出了神经网络与分形预测模型相结合的预测模型，通过仿真分析获得了较任一单一预测模型更理想的预测结果，结合支持向量机与粗糙集理论的模型，得到了令人满意的预测结果。袁景凌等(2010)提出了灰色嵌入与灰色补偿两种不同结构的组合预测模型，并引入了遗传算法辅助灰色神经网络进行预测，较单一模型预测结果相比，改进后的组合预测模型具有更强的实用性和更高精确度。通过小波进行降噪，然后利用自组织的神经网络进行目标预测，最终改进了任一单一模型的预测性能，达到了较为理想的预测目标(Sanaz et al.，2017)。于志恒(2016)在小波消噪法前提下，建立 SVM 和 ARIMA 相融合的组合预测模型，结果表明该组合模型由于汲取了两个单一模型的优势，从而使得组合模型具有有一定抗干扰能力，大幅度提升了原任一单一模型的预测效果。

总之，组合模型因为有效利用各种方法或各自模型的优势，取得了较好的预测结果，已经成为国内外专家学者研究的重点。然而，由于输电工程造价影响因素复杂(卢艳超等，2012)，而且输电工程静态造价指标与动态造价指标的构建机理不尽相同。另外，预测这两种造价指标值时，所要求的预测样本数据的性质也有较大差异。因此，导致我国目前有关输电工程造价预测方面的研究还没有形成比较成熟且完备的理论及方法体系。那么到底使用哪些方法，以及选取哪些预测模型进行组合才合理的问题，仍然是当今电力工程造价领域研究的重点。

第二章　输电工程静态造价新指标构建

第一节　输电工程静态造价新指标构建
必要性及构建流程

一、输电工程静态造价新指标构建必要性

在长期的输电工程造价管理工作中，一直以来采用单位长度静态造价(万元/km)来反映相同年度内输电工程个体间静态造价水平，该指标是综合性造价指标，它是输电工程静态投资除以线路长度而来的。其中，静态投资具体费用构成参见表 2-1 和表 2-2。然而，随着近些年输电工程新技术的不断应用，造价方案复杂化、建设环境多样化，目前仅采用输电工程单位长度静态造价(万元/km)作为相同年度内工程个体静态造价管控指标，仅考虑输电线路长度这个单一静态造价影响因素，而未考虑其他静态造价关键影响因素，导致衡量输电工程个体间静态造价水平时存在离散度大(图 2-1)，统计结果不具有普遍代表意义，不能准确衡量输电工程静态造价实际水平，采用该指标在输电工程静态造价确定与控制方面效果不理想，不能帮助电网公司达到有效地减少或避免输电工程投资浪费现象的目标。

表 2-1　输电工程投资费用构成

序号	工程费用
一	架空输电线路本体工程费用
二	辅助设施工程费用
三	编制期价差
四	其他费用 (包括建设场地征用及清理费)

·18· 输电工程造价指标及其值预测研究

续表

序号	工程费用
五	基本预备费
六	特殊项目费用
七	动态费用 (包括价差预备费和建设期贷款利息)

表 2-2　本体工程费用构成

纵向分解费用		横向分解费用	基础工程单位费用 (一~五项合计÷线路长度)	杆塔工程单位费用 (一~五项合计÷线路长度)	接地工程单位费用 (一~五项合计÷线路长度)	架线工程单位费用 (一~五项合计÷线路长度)	附件工程单位费用 (一~五项合计÷线路长度)
一、直接费	1.直接工程费	1)定额直接费 (包括人工费和机械费)	基础工程单位造价 (万元/km)	杆塔工程单位造价 (万元/km)	接地工程单位造价 (万元/km)	架线工程单位造价 (万元/km)	附件工程单位造价 (万元/km)
		2)装置性材料费					
	2.措施费	1)冬雨季施工增加费					
		2)施工工具用具使用费					
		3)临时设施费					
		4)施工机构迁移费					
		5)安全文明施工费					
二、间接费	1.规费	1)社会保障费					
		2)住房公积金					
		3)危险作业意外伤害保险费					
	2.企业管理费						
	3.施工企业配合调试费						
三、利润							
四、税金							
五、安装工程费							

赵振宇等(2008)选取农村 30 个新建架空 35kV 输电线路工程造价样本，通过一系列定性与定量方法构建出输电工程静态造价新指标，然后通过实例分析验证造价新指标的性能在一定程度上高于造价传统指标，但是由于其造价指标构建过程中关于造价影响因素分析方面主要采用 ABC 定性分析法，所得的造价影响因素的客观性较弱，同时在指标设计与构建过程存在较强的主观性，另外，选择低压线路样本分析导致结果不具代表性，使得其所构建的静态造价指标不具备推广性。张妍等(2017)以国家电网公司输电技改工程数据为样本，采用因子分析法对输电技改工程静态造价的构成费用进行因子分析，计算各单位工程费用同单项工程静态造价的关联系数，应用 PCA 法对各单位工程费用因子的重要程度进行排序，为提升我国交流输电技改工程造价控制工作提供参考，但是对如何构建输电工程静态造价新指标未开展更深入的研究。针对这一静态造价传统指标在实际输电工程造价确定与控制方面存在的不足，本书采用一系列定量的方法开展造价关键影响因素分析(周黎莎，2013)，然后在此基础上设计出静态造价新指标——单位长度容量静态造价和单位综合可比静态造价。其中，单位长度容量静态造价指标考虑进输电工程重要产出因素——输送容量，从而使新指标能够客观、准确衡量输电工程个体间静态造价实际造价水平。单位综合可比静态造价指标其实质是在单位长度容量造价指标基础上考虑了工程项目建设环境因素，即地形和风速，从而使单位综合可比静态造价指标对于工程建设环境差异较大的个体间静态造价比较时更具全面性。另外，通过采用的主成分分析、回归分析及敏感性分析等定量方法构建的静态造价指标，弥补了以往相关文献中多采取定性分析方法造成所构建的静态造价指标存在局限性(刘思聪等，2018)且实际应用结果精度不高的问题。开展输电工程静态造价新指标构建研究，通过相应适宜的预测方法或模型对待建设输电工程静态造价指标值进行预测，将预测结果作为该工程建设前期阶段投资估算造价，通过估算来控制后期的概预算等(安磊等，2016)，实现电网公司对输电工程个体静态造价合理确定与有效管控。

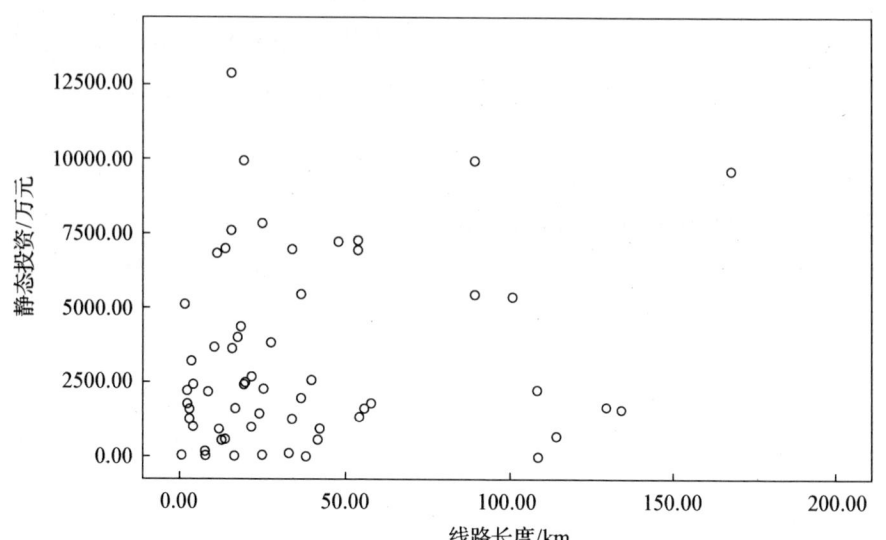

图 2-1　输电工程静态投资分布散点图

二、输电工程静态造价新指标的构建原则及流程

(一)输电工程静态造价新指标构建原则

在设计造价指标时，需要依据工程造价相关理论基础，结合输电工程建设的技术特征与经济特性，从影响造价的多个维度因素分析入手(Blomberg et al.，2014)，开展输电工程静态造价指标设计与构建。由于静态造价指标设计时无需考虑时间价值因素，且静态指标构建的途径不同于动态造价指标通过指数法间接获得的构建途径。静态造价指标构建主要从静态投资构成费用入手，将影响造价主要费用指标在技术层面分解，然后结合工程所处建设环境因素降解分析影响造价的关键因素，并基于造价关键影响因素合理地设计并构建静态造价指标。

当前电工程新技术的不断应用，导致指标构建时需要考虑的静态造价影响因素众多，如果将静态造价影响因素逐一设计进静态造价新指标中，会造成静态造价指标体系繁杂。显然，在将诸多静态造价指标用于待建设输电工程前期投资决策阶段的估算时，会造成造价指标不统一(Ahn and Park，2016)，估算造价确定标准不一致，使投资方案比较分析效率低下等情况，不便于相关造价人员对投资估算的合理确定与控制。因此，本书依据以下原则开展输电工程静态造价新指标的构建研究。具体构建原则如下。

(1)简明性原则。在给出决策所需要的信息的前提下，应突出主要指标属性，尽量减少指标个数，达到满足控制目标的要求。因为过于繁多的造价指标会导致实际造价控制工作变得过于复杂，不利于造价控制工作的合理性开展。另外，通过精简化的指标设计，可以有效保证各指标间的独立性，使指标的选择方面充分而必要。

(2)客观性原则。确定造价指标的过程应避免或减少主观意愿，但必要时还需要征集社会各方面的意见，同时尽可能保证确定造价指标设计人员的代表性、权威性、广泛性与独立性，尽量明确造价指标的内涵。

(3)可测性原则。工程造价预测时，由于许多应用数据无法获得，同时为了提高预测的精确度，通常在造价指标的设计中应该做到含义明确，数据资料收集方便，计算简单易于掌握。

(4)引导性与针对性相统一原则。所设计的造价指标应便于工程造价前期估算，同时要保证其设计的合理性、技术性，还能确保经济效益、环境绿色效益、社会效益及技术安全程度。另外，还应该结合国家政策等发展战略目标，调整造价指标权重，使其能够适当反映国家技术发展导向，进而引导新技术目标的逐步优化。

(5)定性指标与定量指标相结合的原则。结合使用定性指标与定量指标，既便于用数学方法处理，使对造价指标预测结果客观性更强，又可以通过定性方法弥补单一采用定量方法时造价数据固有缺陷造成的造价指标构建方面的困难。

(二)输电工程静态造价新指标构建流程

为了确保本书所构建的输电工程静态造价新指标的客观性、合理性、科学性及易操作性，需要明晰静态造价指标构建的具体流程，主要包括三大步骤。

(1)依据统计分析理论,运用主成分分析技术(PCA)将构成输电工程静态造价的各项费用进行主成分分析,识别并保留影响输电工程静态造价的主要费用指标。

(2)依据层次分析原理,运用鱼骨图分解技术将构成且主要影响输电造价的各项费用,进行输电工程技术与经济指标的因素降解分析。然后,结合输电工程造价人员经验,依据本书静态造价分析所收集样本数据的性质,对输电工程静态造价诸多影响因素进行初识与分类。最后,采用回归分析技术(RA),对输电工程静态造价诸多影响因素进行分类后的独立性检验与敏感性性分析,最终,保留影响输电工程静态造价关键因素,同时依据回归分析原理辨别出输电工程线性关键影响因素和非线性关键影响因素。

(3)依据生产要素理论,结合传统输电工程造价指标即单位长度造价(万元/km)的设计形式,先将线性关键影响因素设计进新造价指标中,从而构建出输电工程单位长度容量静态造价指标。然后,采用系数调整法,将非线性关键影响因素设计进新指标中,构建出输电工程单位综合可比静态造价指标。最终,构建出两个输电工程新造价指标,即单位长度容量静态造价和单位综合可比静态造价。

提取国家电网公司近年来已竣工投产的220kV输电工程造价数据为样本,对本书所构建的输电工程造价指标进行离散性检验与合理性分析,将检验与分析结果同传统造价指标对比分析,验证了本书所构建新造价指标的科学性、合理性。

第二节　输电工程静态造价关键影响因素识别与分析方法

一、输电工程静态造价构成费用主成分分析方法

(一)输电工程造价

输电工程造价,通常分为静态造价(即静态投资)和动态造价(即

动态投资)。输电工程静态造价指针对输电工程造价(即决策估算、设计概算及施工预算等各阶段造价统称)进行预期编制时，一般将工程量误差所导致的工程投资的增减情况考虑进造价中，但不考虑日后由于价格涨跌等因素所导致的工程投资的增减变化；也不考虑时间价值因素所引起投资利息的支出情况。因此，输电静态造价就是将某年、月设定为基准期，然后以基准期内工程所涉及的建设要素的单价为依据计算出的费用等。

相对于输电工程静态造价，输电工程动态造价则通常指将其静态造价中所未考虑的因素考虑进来，将时间变化所导致的诸如价格等因素的变化，以及将预期未来利息支出等因素所导致投资变化的情况也全部考虑进造价中，从而形成了输电工程动态造价。显然，动态造价包括了静态造价(朱思义，1995)。依据输电工程造价的这个特点，本章将以输电工程的"静态造价"为造价研究对象，开展本书输电工程静态造价新指标构建研究。

(二)基于 PCA 法的造价构成费用主成分分析

1. 主成分分析原理

主成分分析法又称为主分量分析法，是一种重要的统计分析方法，该方法是基于变量转化的思维，利用新系统中较少的几个综合指标(即主成分)来替换原系统中的多个变量的一种统计分析方法。该方法可将多变量的高维空间问题简化成低维的综合指标问题，通常依据研究标准即所需反映原系统全部信息量的比重，来确定新系统主成分的个数，且各个主成分之间彼此是线性无关的。

应用主成分分析，可以实现用尽量少且彼此不相关的综合变量，来替代原来的多个且彼此可能存在相关性的因素变量，从而将所研究事物的重要信息较好地反映出来。

2. 主成分分析主要步骤

主成分分析(PCA)模型如式(2.1)所示。

$$\begin{cases} Z_1 = b_{11}X_1 + b_{12}X_2 + \cdots + b_{1n}X_n \\ Z_2 = b_{21}X_1 + b_{22}X_2 + \cdots + b_{2n}X_n \\ \qquad\qquad\qquad \vdots \\ Z_m = b_{m1}X_1 + b_{m2}X_2 + \cdots + b_{mn}X_n \end{cases} \qquad (2.1)$$

式中，$b_{i1}, b_{i2}, \cdots, b_{in}(i=1, 2, \cdots, m)$为$X$的协方差矩阵特征值对应的特征向量；$X_1, X_2, \cdots, X_n$为原始数据经过标准化处理后的值。

这里利用 SPSS 软件进行主成分分析，依据特征值大于 1 且累计贡献率超过 70%的标准选取 m 个主成分，并确定主成分载荷矩阵。

其次，通过主成分载荷与对应的方差贡献率相乘求和得到权重，如式(2.2)所示。

$$w_i = \left| \sum_{t=1}^{m} b_{ti} \times p_t \right| \qquad (2.2)$$

式中，$b_{ti}(i=1, 2, \cdots, n)$为$t$主成分载荷；$p_t$为对应方差的贡献率。

最后，进行主成分比较，识别出对造价影响的主成分，并比较主成分中各指标对总体的影响程度，进而筛出主要影响造价的指标。

3. 输电工程静态造价构成费用主成分分析

输电工程静态造价是一个多变量、非线性的复杂过程。以往的输电工程静态造价合理确定与有效控制多依靠资深专业人员的实际经验判断与推测，导致电力工程造价管理缺乏科学性、有效性。识别与筛选出输电工程静态造价的关键影响因素，对于构建输电工程静态造价指标意义重大。

现阶段国内对输电工程静态造价影响因素的研究多集中于定性分析，主要采用问卷调查、专家访谈及通过工程项目后评价等方法实现对造价有效管控(陈通等，2015)。国内外针对影响输电工程造价因素的定量分析研究文献较少。季咏梅等(2014)应用主成分分析法，通过综合得分对输电工程静态造价影响因素进行比较，但未能对因素指标的性质与标准加以区分。方向等(2015)应用层次分析分析(AHP)法与模糊综合评判法来解决目前电网规划方案决策问题，但通过专家经验对工程静态造价影响指标的权重做出判断存在较大的主观性，无法准确获得影响输电工程静态造价的关键因素（方向等，2015）。冯瀚等（2015）采用实例推理（CBR）技术进行电力工程前期估算，但是，此方法的缺点是国内真正运用到生产或商业化的CBR系统还很少，其理论和技术有待进一步研究发展。

结合输电工程传统静态造价指标设计形式，考虑输电工程静态造价样本数据的实际特征，本书在前人研究方法基础上，采用主成分分析技术进行输电静态造价构成费用的主成分分析，以获得工程造价主要构成费用，为输电工程静态造价关键影响因素研究奠定基础。

（三）输电工程静态造价构成费用主成分分析样本

通常在输电工程项目建设之初，利用设计概算对工程造价进行一个大致计算，以控制后续施工成本，但最终工程项目的实际造价仍要以工程实际决算价格为准（Jan，2008）。所以，相对于概算而言，对决算各项成本费用进行主成分分析，更能有效控制工程造价，而将概算作为决算的重要对比分析对象也符合实际情况。

鉴于国家电网公司历史输电工程造价相关数据库系统尚未完善，以往国家电网所收录的输电工程造价数据时没有制定统一标准，加之下属子电网公司对以往输电工程造价数据未给予足够重视，以及其数据采集与管理水平不高等原因，导致递送给国家电网数据库的相关工程造价信息存在无效或错误数据的现象。然而，这一现象随着近些国家电网公司提出输电工程"精益化管理要求"得到明显改善。国家电网公司也出台了输电工程相关数据采集标准等规范性文件，促进了国家电网输电工程数据库完善。同时，国家电网公司率先对输电工程历史造价数据信息保存较完备的华北地区电网系统实施数据采集标准，进行输电工程相关技术、经济及建设环境的必要数据的采集示范工作，然后将这一输电工程数据采集标准在国网系统内推广。结合本章所开展的输电工程静态造价新指标的构建研究需要，从国家电网公司华北电网系统内选取了样本质量程度较高

2016～2017 年已竣工投产的 220kV 输电工程建设项目典型工程概算与决算数据样本 34 对，将这 34 对横向数据样本用于影响造价的构成费用的主成分分析。另外，国家电网公司鉴于 2008 年南方电网经受了冰雪灾害天气，导致了南方电网系统大面积倒杆、倒塔，给南方电网系统造成了巨大的经济损失。为此，国家电网公司拟选取北方网架建设基础较牢固的华北电网系统内典型输电工程为参照标准加强未来南方网架基础建设，这样可以提高南方电网网架抵抗冰雪灾害的同时避免投资浪费。因此，本书所选取的国网公司华北电网系统内已竣工输电工程造价数据为样本开展输电工程静态造价新指标及指标值预测模型研究，所获成果在国网系统内的具有较好推广意义。

(四)输电工程静态造价构成费用主成分分析法应用

为保证数据来源的机密性与安全性，本书用大写英文字母分别代表对应工程样本的概算造价构成费用，以及决算造价构成费用具体来源。输电工程样本概算及决算数据展示分别见表 2-3 和表 2-4 所示。令 FSG_n 代表输电工程概算样本类别及编号，其中，FSG 代表输电工程概算样本类别；n 代表输电工程概算样本工程编号（$n=1, 2, \cdots, 34$）。同理令 FSJ_n 代表输电工程决算样本类别及编号，其中，FSJ 代表输电工程决算样本类别；n 代表输电工程决算样本工程编号（$n=1, 2, \cdots, 34$）。应用数理统计软件 SPSS，对此 34 组工程建设项目的概算和决算分别进行主成分分析。

表 2-3　输电工程样本概算数据　　　　（单位：元）

工程编号	土石方工程费	基础工程费	杆塔工程费	架线工程费	附件工程费	其他工程费
FSG1	1200422	2626131	4026069	2877669	2356832	7348723
FSG2	4762329	3025187	4530922	3457236	1003670	8981350
FSG3	13942585	10228863	11079197	8418083	2411999	14333510
FSG4	6647529	7394926	16470078	11316592	1469422	16259700

第二章　输电工程静态造价新指标构建　　·27·

续表

工程编号	土石方工程费	基础 工程费	杆塔 工程费	架线 工程费	附件 工程费	其他工程费
FSG5	765827	1553433	4369559	4173146	921274	5802003
FSG6	393065	557010	681168	698785	347615	392076
FSG7	927933	8916434	13995576	12906607	2793874	18885989
FSG8	1575826	3626038	11021025	9148451	2679465	11183136
FSG9	1470569	17596398	18515184	17258210	331375	17093079
FSG10	1658230	13303012	25897187	25090574	4684182	26055698
FSG11	5763660	9485065	18917884	22848886	440447	42290377
FSG12	136767	292913	6008373	5461273	1622396	10311832
FSG13	807421	11858985	10406489	10538456	2298828	4858540
FSG14	3314984	5109072	8672786	5381922	1110217	6992459
FSG15	2394830	4987987	12564732	10779829	3586341	36234827
FSG16	1880912	1641167	6084019	5989368	1225578	9081574
FSG17	3180973	3978486	8164635	7181613	862692	8659995
FSG18	730868	1592444	5907043	3163103	770422	7043963
FSG19	3286568	6947932	20318947	18818357	2490483	21039027
FSG20	1306572	2622820	4429026	2143415	521158	4592004
FSG21	244570	2226890	2106096	1773934	524792	3117107
FSG22	287646	2039942	2132229	1714944	526762	3126183
FSG23	621101	4353794	8405376	8508494	2520994	9785014
FSG24	9536826	6555849	2276433	2063563	442184	7544095
FSG25	343313	1198615	3377551	4326703	636887	4829403
FSG26	1174563	3531369	2750563	3930992	1135807	4053067
FSG27	3947543	6514013	5286601	8395729	2377059	20536170
FSG28	4885018	5030011	13835205	13623777	1376445	13498654
FSG29	533109	3118841	2658176	2043912	661682	4558902
FSG30	994661	1885018	2634864	2338765	696692	3350000
FSG31	831690	1018982	5015991	5451578	1090090	9032424

续表

工程编号	土石方工程费	基础工程费	杆塔工程费	架线工程费	附件工程费	其他工程费
FSG32	1781467	3202038	4498933	4530250	1417688	8583200
FSG33	493437	3754537	6650409	7453471	2699398	16281175
FSG34	556686	847834	1210438	1738690	1738690	1998136

数据来源：中国电力企业联合会网络数据库；国家电网公司网络数据库。

表 2-4　输电工程样本决算数据　　　（单位：元）

工程编号	土石方工程费	基础工程费	杆塔工程费	架线工程费	附件工程费	其他工程费
FSJ1	545243	3102653	4503056	2514699	845519	6052889
FSJ2	1756430	4195083	4713897	2667311	870002	5870924
FSJ3	1512717	8801056	9684798	7024877	7024877	14907802
FSJ4	2876383	3305744	12437570	12409149	1356386	14391888
FSJ5	998596	1467502	1916300	1170388	421134	4466691
FSJ6	292174	850389	1551949	516801	88256	2196924
FSJ7	1308738	5471873	14603177	12537677	1875451	18284226
FSJ8	1344542	2819437	8167101	7537014	1364277	11473411
FSJ9	855801	10212585	17838817	14042618	2068455	23777124
FSJ10	2025287	13544350	26220502	21413712	3644646	32086240
FSJ11	6000992	8910701	33222339	42547953	4348665	30912967
FSJ12	325323	286762	11100892	4064761	1284186	5223050
FSJ13	1749316	8668567	11310547	8878780	2051492	16673996
FSJ14	2556177	2963745	6708847	3653715	579184	7341420
FSJ15	5799733	5679501	12608591	8509903	1625675	18397877
FSJ16	732423	1831921	6371043	5228769	978489	7633582
FSJ17	3222937	4292022	8147348	6356369	830432	7442978
FSJ18	1187881	1935467	2022523	2464996	596241	5984061
FSJ19	3428653	6726869	22866454	14862184	2212762	15437460

续表

工程编号	土石方工程费	基础工程费	杆塔工程费	架线工程费	附件工程费	其他工程费
FSJ20	1292589	2541061	4621796	1807465	300705	3579122
FSJ21	30802	2001153	2060004	1342777	375445	5089799
FSJ22	30802	1940978	2070661	1383332	372349	6368577
FSJ23	1623995	5508392	1524222	2172115	919087	12297750
FSJ24	4173998	2624590	12612402	14173998	2624590	7674146
FSJ25	291816	1621608	2762174	2692251	909221	4448628
FSJ26	890861	3013292	2505860	2812670	1323116	4783690
FSJ27	4401057	6895583	26656759	17941028	1997490	18596073
FSJ28	6828293	7030964	19338890	19043356	1923999	5748871
FSJ29	1238686	3556902	3802569	1989361	844008	4431243
FSJ30	828241	983566	2081871	1667207	301295	6082180
FSJ31	608777	1010950	5331499	4815820	797058	8114441
FSJ32	3326521	2951790	9636169	10324835	961567	6019730
FSJ33	788791	3162878	8372695	6493187	1750142	14988956
FSJ34	577424	1000974	1220087	612293	178134	2985924

数据来源：中国电力企业联合会网络数据库；国家电网公司网络数据库。

(五)识别主要影响静态造价的构成费用

本书考虑所搜集的样本是非时间连续数据，在同一年度内不用考虑物价和银行基准利率等经济因素对工程造价的影响，所以，工程间动态投资变化较稳定，应将静态造价作为研究相同年度或相近年份输电工程造价的对象。输电工程静态投资主要构成费用包括：土石方工程费、基础工程费、杆塔工程费、架线工程费、附件工程费、其他费用，其中其他费用包括与本体相关的其他费用和与土地相关的其他费用(吴小明等，2014)。将它们作为分析变量，用于后文主成分分析。

为保证造价构成各项费用因子适宜做主成分分析，首先采用

SPSS 软件对概算与决算中构成静态造价的各项费用进行相关性分析，分析结果具体见表 2-5 和表 2-6 所示，通过概算与决算的各自静态造价构成费用相关性分析结果表明，各项费用变量间存在较好的关联性，所以均可以进行下一步主成分分析。

表 2-5　输电概算费用相关矩阵

费用	土石方工程费	基础工程费	杆塔工程费	架线工程费	附件工程费	其他费用
土石方工程费	1	0.381[*]	0.264	0.214	0.033	0.310
基础工程费	0.381[*]	1	0.774[**]	0.766[**]	0.335	0.540[*]
杆塔工程费	0.264	0.774[**]	1	0.964[**]	0.520[**]	0.756[*]
架线工程费	0.214	0.766[**]	0.964[**]	1	0.501[**]	0.811[*]
附件工程费	0.033	0.335	0.520[**]	0.501[**]	1	0.479[*]
其他费用	0.310	0.540[**]	0.756[**]	0.811[**]	0.479[**]	1

＊代表 0.05 水平(双侧)上显著相关；＊＊代表 0.01 水平(双侧)上显著相关。

表 2-6　输电决算费用相关矩阵

费用	土石方工程费	基础工程费	杆塔工程费	架线工程费	附件工程费	其他费用
土石方工程费	1	0.453[**]	0.686[**]	0.713[**]	0.377[*]	0.400[*]
基础工程费	0.453[**]	1	0.751[**]	0.679[**]	0.717[**]	0.848[**]
杆塔工程费	0.686[**]	0.751[**]	1	0.933[**]	0.626[**]	0.816[**]
架线工程费	0.713[**]	0.679[**]	0.933[**]	1	0.621[**]	0.784[**]
附件工程费	0.377[*]	0.717[**]	0.626[**]	0.621[**]	1	0.662[**]
其他费用	0.400[*]	0.848[**]	0.816[**]	0.784[**]	0.662[**]	1

＊代表 0.05 水平(双侧)上显著相关；＊＊代表 0.1 水平(双侧)上显著相关。

首先，采用 SPSS 软件分别对概算费用进行主成分分析，计算所得的特征值及累计贡献率见表 2-7 所示；成分矩阵如表 2-8 所示；主成分载荷矩阵如表 2-9 所示。

第二章　输电工程静态造价新指标构建

表 2-7　输电概算解释的总方差

成分	(初始)特征值			提取平方与载入		
	合计	方差/%	累积/%	合计	方差/%	累积/%
1	3.754	62.566	62.566	3.754	62.566	62.566
2	1.014	16.905	79.471	1.014	16.905	79.471
3	0.616	10.272	89.743	—	—	—
4	0.429	7.145	96.887	—	—	—
5	0.160	2.666	99.553	—	—	—
6	0.027	0.447	100.000	—	—	—

表 2-8　输电概算成分

费用类别/元	成分	
	$1(ZSG_1)$	$2(ZSG_2)$
土石方工程费(XSG_1)	0.384	0.842
基础工程费(XSG_2)	0.828	0.208
杆塔工程费(XSG_3)	0.953	−0.068
架线工程费(XSG_4)	0.956	−0.106
附件工程费(XSG_5)	0.608	−0.495
其他费用(XSG_6)	0.854	−0.033

表 2-9　输电概算主成分荷载

费用类别/元	成分	
	$1(ZSG_1)$	$2(ZSG_2)$
土石方工程费(XSG_1)	0.198	0.836
基础工程费(XSG_2)	0.427	0.207
杆塔工程费(XSG_3)	0.492	−0.068
架线工程费(XSG_4)	0.493	−0.105
附件工程费(XSG_5)	0.314	−0.492
其他费用(XSG_6)	0.441	−0.033

从表 2-7 可看出，在概算表中第一主成分对应特征值是 3.754（>1），累计贡献率是 62.566%（<70%），虽然第一主成分对应的特征值满足提取标准，但其对应累积贡献率未达到要求，进而需要分析第二主成分，在概算表中第二主成分对应特征值是 1.014，累计贡献率是 79.471%，均达到标准。所以，提取概算中第一主成分和第二主成分来反映的概算造价构成费用的总体信息。再根据表 2-8 概算的成分矩阵可知上述六项费用指标与概算中第一主成分（ZSG_1）均显著正相关，除了土石方费（XSG_1）指标外，其余各费用指标与第一主成分均有较高的相关荷载值，即第一主成分（ZSG_1）反映了基础工程费（XSG_2）指标包含信息的 82.8%、杆塔工程费（XSG_3）指标包含信息的 95.3%、架线工程费（XSG_4）指标包含信息的 95.6%、附件工程费（XSG_5）指标包含信息的 60.8%、工程其他费用（XSG_6）指标包含信息的 85.4%。说明第一主成分（ZSG_1）反映了除指标 XSG1 外的其他指标信息。而指标土石方费用（XSG_1）指标与第二主成分（ZSG_2）的相关载荷值为 0.842，说明第二主成分（ZSG_2）反映了指标 XSG_1 所包含信息的 84.2%。然后，利用概算的成分矩阵分别除以其对应特征值的平方根，得到表 2-9 主成分载荷矩阵，对应的主成分表达式为

$$ZSG_1 = 0.198XSG_1 + 0.427XSG_2 + 0.492XSG_3 + 0.493XSG_4 \\ + 0.314XSG_5 + 0.441XSG_6 \tag{2.3}$$

$$ZSG_2 = 0.836XSG_1 + 0.207XSG_2 - 0.068XSG_3 - 0.105XSG_4 \\ - 0.492XSG_5 - 0.033XSG_6 \tag{2.4}$$

利用式（2.2）计算概算造价构成费用的权重归一化结果见表 2-10 所示，在概算中：基础工程费（XSG_2）>杆塔工程费（XSG_3）>架线工程费（XSG_4）>其他费用（XSG_6）>土石方费（XSG_1）>附件工程费（XSG_5）。

第二章 输电工程静态造价新指标构建 ·33·

表 2-10 输电概算费用权重

费用	XSG_1	XSG_2	XSG_3	XSG_4	XSG_5	XSG_6
权重	0.265	0.302	0.296	0.291	0.113	0.270
归一化	0.172	0.196	0.193	0.189	0.074	0.176

然后，采用 SPSS 软件分别对决算费用进行主成分分析，计算所得的特征值及累计贡献率见表 2-11 所示；成分矩阵如表 2-12 所示；主成分载荷矩阵如表 2-13 所示。

表 2-11 输电决算解释的总方差

成分	(初始)特征值			提取平方与载入		
	合计	方差/%	累积/%	合计	方差/%	累积/%
1	4.399	73.319	73.319	4.399	73.319	73.319
2	0.802	13.361	86.680	—	—	—
3	0.397	6.622	93.301	—	—	—
4	0.252	4.203	97.504	—	—	—
5	0.094	1.572	99.077	—	—	—
6	0.055	0.923	100.000	—	—	—

表 2-12 输电决算成分

费用类别/元	成分 1(ZSJ_1)
土石方工程费(XSJ_1)	0.693
基础工程费(XSJ_2)	0.873
杆塔工程费(XSJ_3)	0.945
架线工程费(XSJ_4)	0.928
附件工程费(XSJ_5)	0.779
其他费用(XSJ_6)	0.892

表 2-13 输电决算主成分荷载

费用类别/元	成分 1(ZSJ_1)
土石方工程费(XSJ_1)	0.330
基础工程费(XSJ_2)	0.416
杆塔工程费(XSJ_3)	0.451
架线工程费(XSJ_4)	0.443
附件工程费(XSJ_5)	0.371
其他费用(XSJ_6)	0.425

从表 2-11 可看出，在决算表中第一主成分对应特征值是 4.399（＞1），累计贡献率是 73.319%（＞70%），可见第一主成分对应的特征值和累计贡献率均满足要求，可采用决算中第一主成分来反映决算造价构成费用的总体信息。因此，这里可以省去主成分权重计算环节。根据表 2-12 决算的成分矩阵可知上述六项费用指标与决算中第一主成分(ZSJ_1)均显著正相关且各费用指标与第一主成分均有较高的相关荷载值，即第一主成分(ZSJ_1)反映了土石方费(XSJ_1)指标包含信息的 69.3%、基础工程费(XSJ_2)指标包含信息的 87.3%、杆塔工程费(XSJ_3)指标包含信息的 94.5%、架线工程费(XSJ_4)指标包含信息的 92.8%、附件工程费(XSJ_5)指标包含信息的 77.9%、工程其他费用(XSG_6)指标包含信息的 89.2%。说明第一主成分(ZSJ_1)反映了各费用指标的基本信息。然后，利用决算的成分矩阵分别除以其对应特征值的平方根，得到表 2-13 主成分载荷矩阵，对应的主成分表达式为

$$ZSJ_1 = 0.330XSJ_1 + 0.416XSJ_2 + 0.451XSJ_3 + 0.443XSJ_4$$
$$+ 0.371XSJ_5 + 0.425XSJ_6 \tag{2.5}$$

直接由上述式(2.5)确定决算费用权重归一化结果如表 2-14 所示，在决算中：杆塔工程费(XSJ_3)＞架线工程费(XSJ_4)＞其他费用(XSJ_6)

>基础工程费(XSJ_2)>附件工程费(XSJ_5)>土石方费(XSJ_1)。

表 2-14　输电决算费用权重

费用	XSJ_1	XSJ_2	XSJ_3	XSJ_4	XSJ_5	XSJ_6
权重	0.330	0.416	0.451	0.443	0.371	0.425
归一化	0.135	0.171	0.185	0.182	0.152	0.175

综上所述,将概算与决算构成费用权重值进行对比(参见表 2-10 和表 2-14)可知,概算与决算的构成费用权重值排序结果比较相近,在概算中:基础工程费(XSG_2)>杆塔工程费(XSG_3)>架线工程费(XSG_4)>其他费用(XSG_6)>土石方费(XSG_1)>附件工程费(XSG_5);在决算中:杆塔工程费(XSJ_3)>架线工程费(XSJ_4)>其他费用(XSJ_6)>基础工程费(XSJ_2)>附件工程费(XSJ_5)>土石方费(XSJ_1)。无论是概算还是决算,杆塔工程费、架线工程费、其他费用及基础工程费四项费用对输电工程造价的影响程度相对较大且稳定,应属造价的主要费用因素,虽然基础工程费在概算和决算中的影响程度排位变化较大,在概算中排第一,而在决算中排第四,但这一点也能证明概算对造价仅是大致计算,以控制后续施工成本,但最终工程项目的实际造价仍要以工程实际决算价格为准。所以,相对于概算而言,对决算各项成本费用进行主成分分析,能更有效控制工程造价,而将概算作为决算的重要对比分析对象也符合实际情况。因此,可将此四项工程费用从技术与经济层面分解出造价影响因素,为后文构建输电工程静态造价新指标奠定基础。

二、输电工程静态造价影响因素识别与筛选

依据层次分析原理,采用鱼骨图分析方法,从输电工程技术与经济层面出发,并结合输电工程所处建设环境条件,对杆塔工程费、架线工程费、其他费用及基础工程费四项费用,进行具体工程技术与经济指标的因果分析,从而识别出输电工程造价主要影响因素,建立输电工程造价影响因素库。结合前文对 220kV 输电工程项目的费用构成进行分析并得到主要影响造价的费用后,就可以进行主要

费用影响因子分析。具体分析结果如图 2-2 所示。

从输电工程静态造价构成费用因果逻辑分解图(鱼骨图)中可以得到杆塔工程费、架线工程费、基础工程费、其他费用(包括与本体相关其他费用和与土地相关其他费用)的影响因素包括：线路长度、输送容量、电压等级、导线截面、导线分裂数、回路数、是否紧凑型、线材量、塔材量、风速、覆冰、地形、走廊宽度、交叉跨越、耐张塔比例、塔基数等技术指标，以及塔材、线材价格和相关费用等经济指标(孙安黎等，2010)。

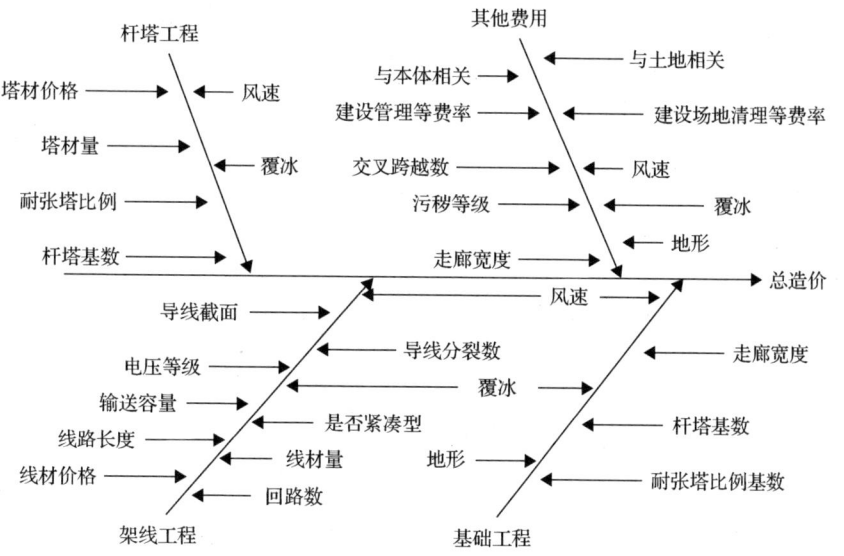

图 2-2　输电工程造价主要费用影响因子分解鱼骨图

其中，回路数标志参数除由输送容量、电压等级决定外，还要受到走廊宽度、是否紧凑型的约束。因此，走廊宽度、是否紧凑型所代表的架设方式可由回路数体现出来，此处剔除走廊宽度和是否紧凑型两个因素。

交叉跨越数主要影响杆塔选型与档距，即影响塔材耗量和塔基数。因此，塔材耗量和塔基数可以反映交叉跨越的影响，所以该因素也可以剔除。

第二章 输电工程静态造价新指标构建 ·37·

另外，鉴于本书考虑所搜集的样本是非时间连续数据，在同一年度里或相近年度间不用考虑物价、相关费率及银行基准利率等经济因素对工程造价的影响。所以可以暂时剔除塔材价格、线材价格和相关费率等技经参数对静态造价的影响。

因此，对220kV输电工程静态造价影响较大的技术与自然环境等因素包括：线路长度、输送容量、导线截面、导线分裂数、回路数、线材量、风速、覆冰、地形、塔材量、耐张塔比例、杆塔基数，共计12个输电工程造价主要影响因素，从而由此12个因素构建出输电工程造价影响因素库，为输电工程造价管控人员提供技术参考的同时，为后文输电工程造价静态指标的构建提供技术支持。

三、输电工程静态造价关键影响因素回归及敏感性分析

(一)回归分析原理及主要分析步骤

1. 回归分析原理

回归分析是用于明确两种及以上变量间相互依赖的定量关系的一种统计分析方法。其中，按照自变量同因变量之间的关系类型，可将回归分析划分为线性回归分析和非线性回归分析；按照分析所涉及的变量数量，可将回分析划分为一元回归和多元回归分析；按照分析因变量的数量，可将回归分析划分为简单回归分析和多重回归分析(杨中宣和杨洋洋，2016)。

2. 回归分析主要步骤

首先，从一组数据出发，确定因变量和自变量之间的关系式。即利用统计数据构建多元线性回归方程：

$$y = \beta_0 + \beta_1 x_1 + \beta_2 x_2 + \cdots + \beta_n x_n + \mu \tag{2.6}$$

式中，y为因变量；β_0为常数项；μ为残差(满足古典回归假设条件)；$x_1, x_2, \cdots, x_n$为可能影响因变量y的各主要因子；$\beta_1, \beta_2, \cdots, \beta_n$为各因子$x_1, x_2, \cdots, x_n$所对应的回归系数。

其次，服从基本假设前提下，利用 SPSS 数理统计软件在计算机上求解自变量间的相关系数，以及对应的概率水平，进而获得独立性变量因子。

最后，进行变量因子敏感性分析，逐步筛选出关于目标变量 y 最有影响的变量因子 x。并针对回归模型结果进行分析与评价。

(二)敏感性分析原理及主要分析步骤

1. 敏感性分析原理

参数敏感性分析，即令 $y = f(x_1, x_2, \cdots, x_t)$，其中，$x_t$ 代表假设模型中的第 t 个参数($t = 1, 2, \cdots, n$)，通过设定参数可能的取值范围，研究模型输出值基于参数的变动而变化程度，敏感系数用于反映参数变动导致模型输出值受影响程度的大小，若参数对模型输出值的影响程度越大，则其敏感系数越大；反之，敏感系数越小。

2. 敏感性分析主要步骤

第一步，选择不确定因素并明确不确定因素的变动范围。

第二步，确定分析指标。通常敏感性分析是基于确定性经济分析基础上开展的分析活动，所以其指标应与确定性经济分析指标保持一致，或者说不允许其指标超出确定性经济分析所采用的指标范围，然而若确定性经济分析中采用较多指标时，敏感性分析则可针对其中一个或多个较重要指标开展相关研究。

第三步，建立对应的数量关系。通过计算不确定因素可能的变动范围，预测对应变动条件下方案经济效果指标的变化程度。

第四步，确定敏感性因素并判断方案的风险程度。具体方法主要包括绝对测定法和相对测定法。其中，绝对测定法是指将各因素都假定向方案不利的方向变动，并取其对方案可能出现的最不利数值，据此计算方案的经济效果指标，判断其是否可导致方案无法被接受的结果。如果通过判断明确方案不可接受，则说明该因素是方案的敏感因素。而相对测定法是指设定目标分析因素都从确定性经济分析中所采用的数值开始变动，且各因素每次以相同的幅度变动，然后比较各因素的变动对经济效果指标的影响程度，据此判断方案经济效果对各因素变动的敏感程度(路石俊,2010)。

为了达到现有数据样本高效性利用,本书将结合回归分析技术采用相对测定方法并运用 SPSS 数理统计软件开展相关敏感性分析(Elshaer,2013)。

(三)输电工程静态造价关键影响因素分析样本

由于以往电网公司对历史工程数据未给予足够重视,加之其数据采集与管理水平等原因,导致的相关工程历史数据存在无效或错误数据的现象。本书从输电工程技术、环境方面进行工程数据采集,另搜集并筛选出具有代表性且可供本书研究分析的有效样本 32 个,均来源国家电网系统 2016~2017 年已经竣工投产的 220kV 输电工程。这样对前文初步识别的造价诸多影响因素开展造价关键影响因素分析更具客观性。其中静态投资共计 12.2 亿;线路长度共计 854.87km;输送容量共计 4789030.82kW。

就工程经历地形情况而言,统计样本中平地线路共 407.5km,占统计线路总长度的 47.67%;丘陵线路共 246.12km,占 28.79%;一般山区共 149.68km,占 17.51%;河网泥沼线路共 31.35km,占 3.67%;高山大岭共 20.18km,占 2.36%,如图 2-3 所示。

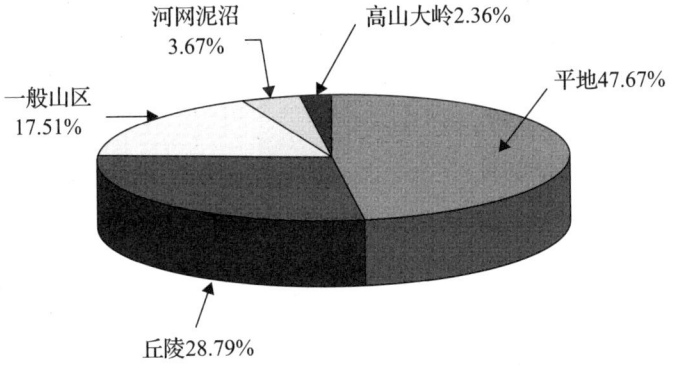

图 2-3 220kV 输电工程回归分析样本地形分布

从设计风速看,工程样本的设计风速以 25m/s 为主,风速分布范围在 23.5~33m/s 之间的风速的样本工程共 32 个,30m/s 以上的有 4 个，各风速区域中的样本个数如图 2-4 所示。

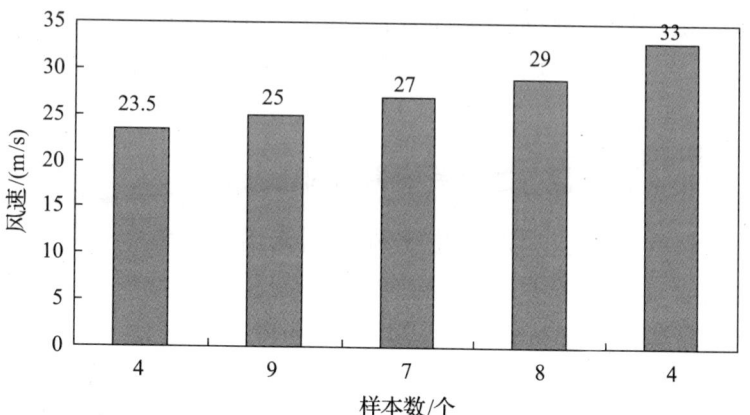

图 2-4　220kV 输电工程回归分析样本风速分布

从覆冰厚度看，工程样本数据中覆冰厚度主要集中在 10mm，其中，10mm 覆冰的工程样本有 25 个，而 15mm 的覆冰工程样本仅有 5 个，5mm 的覆冰工程仅有 2 个，具体分布如图 2-5 所示。

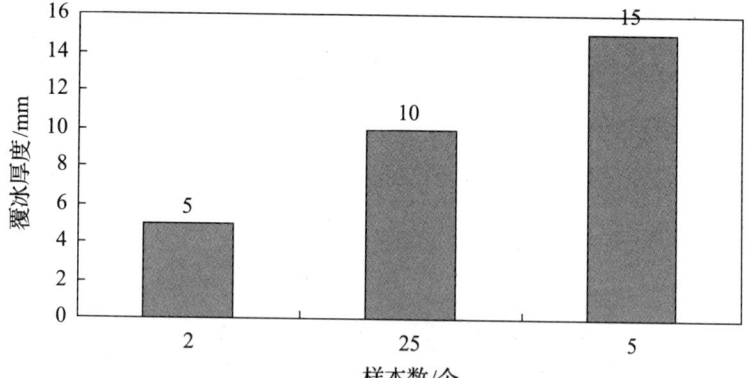

图 2-5　220kV 输电工程回归分析样本覆冰厚度分布

(四)输电工程静态造价影响因素分类

1. 自然影响因素

风速：架空输电线常年置于大自然中，经受各种恶劣气候的影响。尤其对于我国东南沿海地带和内陆平原地带，由于常年多风，

第二章 输电工程静态造价新指标构建

且风速值较大，在工程技术设计上，起到了主要影响作用。我国通常设计最大风速分别为 40m/s、35m/s、30m/s、25m/s 四挡（王佼，2008），由理论风压与风速关系式为

$$P = (q/2)V^2 \tag{2.7}$$

式中，P 为理论风压；q 为空气密度；V 为风速。由此可见，风压大小由风速决定。相应各挡风压倍数如表 2-15 所示。

表 2-15 风压关系

最大设计风速/(m/s)	40	35	30	25
风压倍数	1.306		1.361	1.440

由表 2-15 可知，风速每提高一挡，杆塔和导线上所承受的风压就要增加 30%以上，对主要由风压控制选材的直线杆塔，在其他设计条件不变的情况下，风速每提高一挡，杆塔数量就要增加 30%以上，同时对导线材质的要求也提高，进而工程造价会明显提高。

覆冰：覆冰是一定气象条件下架空线和绝缘子上出现的冰、霜、雨凇和积雪的通称，通常主要影响我国北方地区，尤其是我国东北地带的架空线路输电工程（张晚等，2016）。由于覆冰增加了架空线的垂直载荷，使架空线的张力增大，同时也增加了架空线的迎风面积，使其所受水平风载荷增加，加大了断线倒塔的可能。因此，对工程设计所选取的线材和耐张塔比例要求明显提高，工程造价随之提高。

地形：地形作为输电工程造价控制系统中的必要分析因素，根据国家电网公司颁布的《典型造价之输电线路分册》，将地形按实际情况分为平地、河网泥沼、丘陵、一般山地和高山大岭五类地形。显而易见，地形的不同对工程造价影响迥异（王佼，2012）。参照《国家电网公司输变电工程通用造价 220kV 输电线路分册（2014）》2A4-P（平地）与 2A4-H（河网泥沼）两个典型方案，如表 2-16 所示，在除地形差异外，其他条件基本相同情况下，河网泥沼的线路单位长度

造价 107.04 万元/km，对比平地的线路单位长度造价为 90.04 万元/km，单位造价增加了 17 万元，相当于同等条件下平地线路单位长度造价 1.19 倍，即单位造价增加 19% 以上。可见地形对工程造价影响明显，但由于实际工程施工中所经历的地形往往不是一种，为便于造价系统分析，在不影响工程造价分析结果准确性的前提下，结合本书所搜集的样本属性，应参考典型造价中列出的 6 种典型方案，选取每种典型方案的平地作为基准，计算地形综合系数（参见式 2.8），从而把握地形综合系数大小对单位造价的影响。

$$地形综合系数 S_n = \sum (Z_n / Z_1) \times P_n = \sum S_n \times P_n \qquad (2.8)$$

式中，Z_n 为典型造价中第 n 种地形条件下静态投资；P_n 为实际工程所经历的第 n 种地形占该工程线路长度的比例；S_n 代表典型造价对应地形调整系数，$n=1, \cdots, 5$（1 为平地；2 为河网泥沼；3 为丘陵；4 为一般山地；5 为高山峻岭）。

表 2-16 220kV 线路地形调整系数

典型方案	回路数	气象条件	地形	单位静态投资 /（万元/km）	单位静态投资 调整系数
2A4-P	单回路	15, 23.5	平地	90.04	1
2A4-H	单回路	15, 23.5	河网泥沼	107.04	1.19
2A4-Q	单回路	15, 23.5	丘陵	91.29	1.01
2A4-S	单回路	15, 23.5	一般山区	100.29	1.11
2A4-G	单回路	15, 23.5	高山大岭	111.11	1.23
2B5-P	单回路	10, 29	平地	92.48	1
2B5-H	单回路	10, 29	河网泥沼	121.90	1.32
2B5-Q	单回路	10, 29	丘陵	92.72	1.01
2B5-S	单回路	10, 29	一般山区	102.67	1.11

第二章　输电工程静态造价新指标构建　·43·

续表

典型方案	回路数	气象条件	地形	单位静态投资/(万元/km)	单位静态投资调整系数
2B5-G	单回路	10, 29	高山大岭	123.47	1.34
2D1-P	双回路	10, 27	平地	135.24	1
2D1-H	双回路	10, 27	河网泥沼	172.02	1.27
2D1-Q	双回路	10, 27	丘陵	139.57	1.03
2D1-S	双回路	10, 27	一般山区	156.27	1.16
2D1-G	双回路	10, 27	高山大岭	168.66	1.25
2E2-P	双回路	10, 25	平地	140.50	1
2E2-H	双回路	10, 25	河网泥沼	174.12	1.24
2E2-Q	双回路	10, 25	丘陵	143.15	1.02
2E2-S	双回路	10, 25	一般山区	157.13	1.12
2E2-G	双回路	10, 25	高山大岭	171.92	1.22
2E8-P	双回路	10, 33	平地	157.80	1
2E8-H	双回路	10, 33	河网泥沼	201.39	1.28
2E8-Q	双回路	10, 33	丘陵	159.37	1.01
2E8-S	双回路	10, 33	一般山区	180.81	1.15
2E8-G	双回路	10, 33	高山大岭	199.94	1.27
2E12-P	双回路	15, 25	平地	167.82	1
2E12-H	双回路	15, 25	河网泥沼	211.12	1.26
2E12-Q	双回路	15, 25	丘陵	172.46	1.03
2E12-S	双回路	15, 25	一般山区	192.39	1.15
2E12-G	双回路	15, 25	高山大岭	210.74	1.26

资料来源：刘振亚. 通用造价之 220kV 输电线路分册[M]. 北京：中国电力出版社（2014）。

2. 技术影响因素

线路长度：指架空输电线路建设时，从架设起始杆到终止杆间的单回路架设距离与架设回路数的乘积。线路长度是输电系统工程造价中的必要分析因素，而且长期以来，我国使用传统工程单位造价指标万元/km，进行输电工程的造价确定与控制，可见该因素对工程造价有重要影响。

输送容量：输电线路在综合考虑技术、经济等各项因素后所确定的最大输送功率，称为该线路的输送容量。它是电力工业主要生产的产品，也是输电线路工程造价系统分析的必要因素。根据经济电流密度计算获得线路最大输送功率（即输送容量）：

$$P_{\max} = \sqrt{3} \times U_N \times J \times \cos\phi \times S_j \tag{2.9}$$

式中，$P_{\max}$ 为正常运行方式下线路最大持续有功功率，kW；U_N 为线路的额定电压，kV；J 为经济电流密度，A/mm^2；$\cos\phi$ 为负荷的功率因数（注：一般取值在 0.7～0.9）；S_j 为导线的经济截面，mm^2。

输送容量越大，就需要采取增大导线截面，提高电压等级，选择合适的导线型号等必要措施。这些措施都会增加工程的材料费用，对输电线路工程造价的高低有着显著意义。

导线截面：由上面分析可知，导线截面与线路设计的输送容量关系密切。增大导线截面也是提高输送容量的必要措施。根据近期和远期输送容量的要求，确定导线截面的大小，随之就要选用合适导线材料。我国高压输电通常采用钢芯铝绞线作为输电导线，随着截面要求的变化，就会引起耗材指标的显著变化，从而导致造价的显著变化。

回路数：指架空输电线路工程中提高单位线路走廊输送能力的有效架设方式。目前，我国主要采用的架设方式分为两种，单回路架设和同塔多回路架设。单回路架设回路数是 1，而同塔多回路的回路数大于1，例如同塔 2 回路、4 回路等。同塔多回路现在是被我国电网公司广泛推广的架设方式，这种方式架设较单回路架设，能够充分利用有限的单位线路走廊空间，节约整体社会资源，降低输电走廊的投资，而且大大提高单位线路输电能力，但缺点在于同塔多回路架线增大了杆塔的外部荷载及塔身风压，从而加大杆塔与基础的造价投资。

导线分裂数：分裂导线就是把线路每一相导线分成 2、3、4 根或更多根，例如导线型号为 4*LGJ-400/35，指的是 4 分裂的钢芯铝导线，其中，铝钢截面比值为 400/35，每根保持一定的距离，如每根导线之间相距 400mm，如图 2-6 四分裂导线示意图。采用分裂导线可使导线周围的电磁场发生很大变化，从而使导线的有效半径增大，减少导线的电晕和电抗损耗。同时，对一定载流量而言，分裂导线可允许采用更小的导线截面，从而降低成本，但是提高了技术要求，因此合理选择导线分裂数对造价有影响。

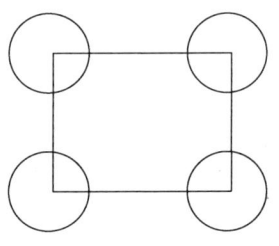

图 2-6　四分裂导线

线材量：通常在输电工程造价分析中主要考虑分析的线材，即导线的材质。导线是输电线路最主要的部件之一，它首先要满足输送容量的要求。一般导线材料有铜、铝、铝合金和钢芯铝绞线，铜和铝合金导线造价较高，铝导线硬性较低。综合考虑输电技术要求，以及材质价格的经济性，我国多采用钢芯铝绞线(LGJ)为输电导线。线材量主要根据输电线路的容量，以及其他各项技术和价格指标要求确定，这一因素的变动对工程造价影响显著。

塔材量：杆塔是架空输电线路工程重要组成部件之一。按照杆塔在线路中的用途主要分为直线杆塔、耐张杆塔、转角杆塔和跨越杆塔等，按照使用材料分为钢筋混凝土电杆、铁塔、钢管塔和铝合金塔等。根据线路设计要求，综合考虑技术和经济因素，通常我国高压输电线路常用钢铁塔，其对工程造价影响显著。因为静态投资是按照概预算编制时的工程量、价格、取费标准等计算，而价格、取费标准等在短期内是一个相对稳定的费用，所以工程量是控制造价的主体，其耗量对工程造价影响显著。通常在杆塔工程中，运距保持不变的条件下，每公里减少1t塔材对工程量的敏感系数影响能达到0.42左右，可见其对造价的影响较为显著。

杆塔基数：通常将输电线路杆塔的地下部分的总体统称为杆塔基础，其数量与架空输电线路工程所设计的杆塔个数一致，用来稳固输电线路的部分。杆塔基础工程是输电线路工程的主要组成部分。根据输电线路走廊、地形、地质和气象因素不同，对基础的选择也不同，主要分为灌注桩基础、阶梯基础和岩石嵌固基础等。随着线路设计中杆塔个数增加，基础工程也随之增加。另外，不同杆塔基础的选择，对投入的人工费、机械使用费等费用产生直接影响，同时还间接影响运输费的大小，进而导致工程造价的明显变化。

耐张塔比例：指架空输电线路中耐张塔使用量占线路中杆塔总架设量的百分比。耐张塔又叫承力塔，通常每隔几个直线(杆)塔就需要设立此种能够承受较大拉力的杆塔，其作用是当线路发生断线或直线杆倒杆时，在两侧拉力不平衡的情况下，将断线的影响限制在断线点相邻的两级耐张塔之间，便于施工，检修。这种杆塔由于强度要求较高，一般采用钢铁塔，而且结构要求也比较复杂，其造价也会比较高。尤其在电压等级较高，输送容量较大的同塔多回路，以及大导线截面的线路中，需要架设的耐张塔的数量也会显著提高，势必会加大工程投资。

(五)输电工程静态造价关键影响因素敏感性分析

1. 影响因素相关性分析

经过造价构成费用的主成分分析，以及主要费用指标鱼骨图降解分析，识别出线路长度、输送容量等12个工程造价主要影响因素指标。依据前文关于线路长度因素的分析可知，在一定程度上，线路长度因素包含了回路数所代表的架设方式对造价的影响，同时鉴于本书搜集样本多为 1 回路和 2 回路两种，回路数差异不大，暂时剔除其对造价的影响。另外，鉴于本书所采用的样本导线分裂数多集中为 2 分裂，导致差异性过小，不适宜对造价影响进行分析，此处暂时剔除导线分裂数指标，待到日后样本数据完善再做相应分析。为了便于后文影响因素相关性分析，这里依据业内专家经验，将这剩下 10 个因素即线路长度、输送容量、导线截面、杆塔基数、耐张塔比例、线材量、塔材量、地形综合系数、风速和覆冰分成 3 组分别进行相关性分析，并将各组中保留下来的因素汇集后再进行因素独立性检验，以确保本书最终所保留下来的输电工程造价关键影响因素均具有较好的独立性，为后文造价静态指标的构建提供有效的技术支持。

首先，将与线路架设距离有关联的线路长度、杆塔基数、耐张塔比例、线材量和塔材量 5 个因素进行相关性分析，保留独立性较好的因素。分析结果如表 2-17 所示。杆塔基数、耐张塔比例、线材量、塔材量均与线路长度的相关系数均高于 0.5，说明它们与线路长度均呈强相关关系。由于线路长度是造价系统分析必要因素，予以保留，同时可剔除其他四个因素变量，所以第 1 组经相关性分析后，保留线路长度为独立性因素。

表 2-17　输电第一组因素相关性分析

参数		线路长度 /km	杆塔基数	耐张塔比例 /%	线材量 /t	塔材量 /t
线路长度/km	Pearson 相关性	1	0.911**	−0.612**	0.702**	0.747**
	显著性（双侧）		0.000	0.000	0.000	0.000
	N	32	32	32	32	32
杆塔基数	Pearson 相关性	0.911**	1	−0.535**	0.788**	0.893**
	显著性（双侧）	0.000		0.002	0.000	0.000
	N	32	32	32	32	32

续表

参数		线路长度/km	杆塔基数	耐张塔比例/%	线材量/t	塔材量/t
耐张塔比例/%	Pearson 相关性	-0.612^{**}	-0.535^{**}	1	-0.315	-0.355^{*}
	显著性(双侧)	0.000	0.002		0.079	0.046
	N	32	32	32	32	32
线材量/t	Pearson 相关性	0.702^{**}	0.788^{**}	-0.315	1	0.825^{**}
	显著性(双侧)	0.000	0.000	0.079		0.000
	N	32	32	32	32	32
塔材量/t	Pearson 相关性	0.747^{**}	0.893^{**}	-0.355^{*}	0.825^{**}	1
	显著性(双侧)	0.000	0.000	0.046	0.000	
	N	32	32	32	32	32

** 代表 0.01 水平(双侧)上显著相关; * 代表 0.05 水平(双侧)上显著相关。

其次,将与线路输电功率有关联的输送容量和导线截面两个因素进行相关性分析,保留独立性较好的因素。分析结果如表 2-18 所示,两者相关系数为 0.769,说明导线截面与输送容量强相关。本书剔除导线截面,保留系统分析必要因素输电容量为独立影响因素。

表 2-18　输电第二组因素相关性分析

参数		输电容量/kW	导线截面/mm²
输电容量/kW	Pearson 相关性	1	0.769^{**}
	显著性(双侧)		0.000
	N	32	32
导线截面/mm²	Pearson 相关性	0.769^{**}	1
	显著性(双侧)	0.000	
	N	32	32

** 代表 0.01 水平(双侧)上显著相关。

再次,将同属自然因素的地形综合系数、风速和覆冰 3 个因素进行相关性分析,同样保留独立性较好的造价影响因素。分析结果

第二章　输电工程静态造价新指标构建

如表 2-19 所示，三者间的相关性较弱，独立性好，均予以保留。

表 2-19　输电第三组因素相关性分析

参数		风速/(m/s)	覆冰/mm	地形综合系数
风速/(m/s)	Pearson 相关性	1	0.041	0.100
	显著性(双侧)		0.822	0.584
	N	32	32	32
覆冰厚度/mm	Pearson 相关性	0.041	1	−0.062
	显著性(双侧)	0.822		0.738
	N	32	32	32
地形综合系数	Pearson 相关性	0.100	−0.062	1
	显著性(双侧)	0.584	0.738	
	N	32	32	32

最后，将上述三组经过相关性分析后保留下来的独立性较好的因素即线路长度、输送容量、地形综合系数、风速和覆冰 5 个因素汇集进行独立性检验。具体分析结果如表 2-20 所示。5 个造价影响因素间相关性较弱，说明它们的独立性好，均通过了独立性检验，均予以保留。最终，经过本书因素相关性分析及独立性检验获得了线路长度、输送容量、地形综合系数、风速和覆冰为 220kV 输电工程造价 5 个独立影响因素。

表 2-20　输电因素独立性检验

参数		线路长度/km	输送容量/kW	风速/(m/s)	覆冰/mm	地形综合系数
线路长度/km	Pearson 相关性	1	−0.316	0.100	−0.115	0.098
	显著性(双侧)		0.078	0.587	0.532	0.595
	N	32	32	32	32	32
输送容量/kW	Pearson 相关性	−0.316	1	−0.218	−0.038	0.101
	显著性(双侧)	0.078		0.231	0.837	0.583
	N	32	32	32	32	32

续表

参数		线路长度/km	输送容量/kW	风速/(m/s)	覆冰/mm	地形综合系数
风速/(m/s)	Pearson 相关性	0.100	−0.218	1	0.041	0.100
	显著性(双侧)	0.587	0.231		0.822	0.584
	N	32	32	32	32	32
覆冰厚度/mm	Pearson 相关性	−0.115	−0.038	0.041	1	−0.062
	显著性(双侧)	0.532	0.837	0.822		0.738
	N	32	32	32	32	32
地形综合系数	Pearson 相关性	0.098	0.101	0.100	−0.062	1
	显著性(双侧)	0.595	0.583	0.584	0.738	
	N	32	32	32	32	32

2. 造价独立影响因素敏感性分析

采用数理统计软件 SPSS，将上述分析所得出的 5 个 220kV 输电工程造价独立影响因素进行回归分析，从而识别输电工程造价的线性与非线性影响因素。

首先，利用 SPSS 软件进行造价影响因素回归分析。将通过独立性检验的 5 个影响 220kV 输电工程造价的因素：杆路长度、输送容量、地形综合系数、风速和覆冰，进行关于 220kV 工程静态投资（即静态造价）的回归分析。针对独立影响因素分别进行线性假设双侧 t 检验，若 $|t| \geq t_{a/2}(32)$ 或概率 P 足够小，则拒绝 H^0，即认为 bj 显著不等于零，自变量 x_j 对 y 有显著线性影响，属于造价的线性影响因素。相反，若 $|t| \leq t_{a/2}(32)$ 或概率 P 不够小，则为造价非线性影响因素（王佼，2013）。分析结果如表 2-21 所示，其中，$R^2=0.837$，说明该拟合方程能够解释因变量 83.7%的变化，拟合效果较好。当 $a=0.05$ 时，$t_{0.05/2}(32)=2.04$，线路长度与输电容量通过检验，与工程造价静态投资成线性关系，地形综合系数、风速和覆冰未通过检验，为非线性影响因素。

第二章 输电工程静态造价新指标构建 ·51·

其次，通过回归分析后，确定了影响 220kV 输电工程造价的线性因素为线路长度、输送容量，而非线性影响因素为地形综合系数、风速和覆冰。下面对此 5 个独立影响因素进行关于工程静态造价的敏感性分析，仍然采用 SPSS 软件进行敏感性分析，分析结果如表 2-21 所示，各参数敏感程度由大到小排序结果如表 2-22 所示，线路长度和输送容量相对工程造价最为敏感，其次是风速、地形综合系数，覆冰影响最弱，在一定范围内可剔除覆冰影响。所以，最终确定 220kV 输电工程造价关键影响因素为线路长度、输送容量、地形综合系数和风速。

表 2-21 输电回归分析

模型	非标准化系数		标准系数	t	P
	B	标准误差	试用版		
（常量）	3719.462	5190.778	敏感程度	0.717	0.480
线路长度/km	115.793	14.087	0.897	8.220	0.000
输送容量/kW	0.026	0.008	0.782	3.440	0.002
风速/(m/s)	−130.817	101.506	0.236	−1.289	0.100
覆冰/mm	42.380	115.823	0.004	0.266	0.717
地形综合系数	−3628.612	4240.501	0.229	−0.856	0.109

注：因变量：静态投资（万元）；$R^2=0.837$。

表 2-22 输电敏感性分析

造价影响因素	敏感系数绝对值
线路长度	0.90
输送容量	0.78
风速	0.24
地形综合系数	0.23
覆冰	0.04

注：保留小数点后两位。

第三节 基于关键影响因素的静态造价新指标构建

由于价格是价值的货币表现形式,价格和价值是呈正相关关系。价值是抽象劳动的凝结,是由商品中凝结的社会必要劳动时间所决定的,它随着生产所需要的社会必要劳动时间的增加而增加,也就是说,价值同生产所需要的社会必要劳动时间成正比。要减少社会必要劳动时间就需要采取提高劳动生产率、资金利用率和设备利用率,降低原材料消耗、强化管理、加快技术进步等措施来提高经济效益。可见价格与经济效益成反比。

根据生产要素理论模型:

$$经济效益 = 投入量/产出量 \tag{2.10}$$

市场经济条件下,工程价值的货币表现形式是工程投资,工程造价指标的基本设计形式为式(2.11),根据该式分别设计输电工程造价指标。

$$工程造价指标 = 工程投资/工程产出 \tag{2.11}$$

依据生产要素理论及输电工程造价传统指标,设计输电工程造价指标如下:

$$单位长度造价(万元/km)=造价投资/线路长度 \tag{2.12}$$

一、基于线性关键影响因素的静态造价指标构建

输电工程造价关键影响因素是指在影响输电工程项目投资额度的诸多因素中,该因素微小变化会导致投资造价发生显著变化,是分析造价影响因素中的重点(王佼和刘艳春,2016a)。本书根据实际问题及专业知识,结合前文分析结果,识别并筛选出 220kV 输电工程相应造价线性关键影响因素和非线性关键影响因素,具体参见表 2-23。

第二章 输电工程静态造价新指标构建

表 2-23 输电关键影响因素性质对照

线性影响因素	非线性影响因素
线路长度	地形综合系数
输送容量	风速

前文依据 220kV 输电工程造价关键影响因素的敏感系数大小排列，排列结果是：线路长度＞输送容量＞风速＞地形综合系数。这里结合前文的线性因素与非线性因素各自的特点，设计输电工程静态造价新指标。

传统输电工程造价指标单位长度造价仅考虑了线路长度这一线性影响因素，而未考虑输送容量，本书依据实际问题的具体情况，将输送容量对造价的影响设计进静态造价新指标中。

首先，依据上面的因素敏感性分析可知，线路长度和输送容量对静态造价敏感系数均较大，说明这两个线性影响因素对输电工程静态造价最为显著。本书根据式(2.12)和式(2.13)形式，设计出静态造价新指标，即单位长度容量静态造价[元/(km·kW)]，并将该指标作为输电工程造价合理确定与有效控制方法的基础指标，具体如式(2.14)所示。

$$单位长度容量静态造价(元/km·kW) = 静态投资/(杆路长度$$
$$\times 输电容量)$$

$$(2.13)$$

二、基于非线性关键影响因素的静态造价新指标构建

参考造价线性关键影响因素的设计思路，结合造价非线性关键影响因素的特点，将两个非线性因素(即地形综合系数和风速)对静态造价的影响设计进造价指标中。因为两个非线性造价影响因素地形综合系数、风速，对静态投资敏感系数明显小于线路长度和输送容量，所以，在将这两个非线性因素设计进造价指标时，单位长度容量造价为基础。同时，考虑非线性因素风速的自身特点，不能直接采用设计线性因素的方法构建指标，参照前文地形综合系数调整

方法,将非线性因素风速对静态造价的影响考虑进造价指标设计中,从而得到静态造价新指标。

风速系数调整参照地形综合系数的调整思路,进行风速调整系数的测算。《国家电网公司输变电工程通用造价 220kV 输电线路分册(2014)》中,设计 220kV 输电典型工程的风速为 25m/s 比重最高,达到近 40%,且地形综合系数已考虑地形差异的影响,所以本书以典型造价中 2A3-P,即平地时设计风速 25m/s 的方案作为基准,其他档级风速仅依照实际工程隶属的典型造价方案,并采用该方案中平地时的风速条件下,单位长度静态投资除以基准方案单位长度静态投资,进行风速调整系数测算。例如:某 220kV 输电线路工程风速设计为 23.5m/s,工程其他条件综合查看,隶属于典型造价 2A4-P 方案,那么查阅典型造价中 2A3-P 方案单位长度静态投资为 85.88 万元/km,而典型方案中 2A4-P 型的单位长度静态投资为 90.04 万元/km,所以调整该工程的风速系数如式(2.14)所示:

$$风速调整系数 = 90.04/85.88 = 1.05 \tag{2.14}$$

同理,调整其他风速等级如表 2-24 所示(刘振亚,2014),参照220kV 输电工程的风速调整系数表,将本书所分析的 220kV 样本风速影响因素的系数调整,以便静态造价新指标设计与构建。

表 2-24 220kV 线路风速调整系数

典型方案	气象条件(mm,m/s)	地形	单位静态造价/(万元/km)	单位静态造价调整系数
2A3-P	10, 25	平地	85.88	1
2A4-P	15, 23.5	平地	90.04	1.05
2B5-P	10, 29	平地	92.48	1.08
2D1-P	10, 27	平地	135.24	1.57
2E2-P	10, 25	平地	140.50	1.64
2E8-P	10, 33	平地	157.80	1.84
2E12-P	15, 25	平地	167.82	1.95

第二章 输电工程静态造价新指标构建

经过对非线性因素风速的系数调整，参照线性因素进行的造价指标设计，将非线性因素设计进新造价指标中。首先，通过本章前面关于输电工程造价独立影响因素敏感性分析得知，两个非线性因素即风速和地形综合系数对造价的影响程度均小于线性因素线路长度和输送容量，所以应以单位长度容量造价指标为基础，设计含有非线性因素的静态造价新指标如下：

$$单位综合可比静态造价 = 单位长度容量静态造价 /(地形综合系数 \times$$
$$风速调整系数)$$

$$(2.15)$$

综上所述，输电工程静态造价指标包括一个传统造价指标和两个新造价指标。另外，从造价指标的功能及其推广性方面划分为一个中心造价指标单位长度容量静态造价[元/(km·kW)]；两个辅助造价指标单位长度静态造价(万元/km)、单位综合可比静态造价[元/(km·kW)]。

三、输电工程静态造价新指标检验与合理性分析

(一)静态造价指标对比检验

1. 输电工程静态造价指标检验样本

将传统输电工程静态造价指标及构建的静态造价新指标进行对比检验。另收集国家电网系统内华北地区相近年度已经竣工投产的220kV输电工程样本 24 个，其中静态投资共计 10.32 亿，线路长度共计 761.4km，输送容量共计 3612791.44kW。

就工程经历地形情况统计样本而言，平地线路共 373km，占统计线路总长度的 48.99%；丘陵线路共 194.21km，占 25.51%；一般山地共 142.68km，占 18.74%；河网泥沼线路共 31.35km，占 4.12%；高山大岭共 20.18km，占 2.64%，如图 2-7 所示。

从设计风速看，工程样本的设计风速以 25m/s 和 29m/s 为主，风速分布范围在 23.5～33m/s 的风速的样本工程共 24 个，其中 30m/s 以上的样本有 3 个，各风速区域中的样本个数参见图 2-8。

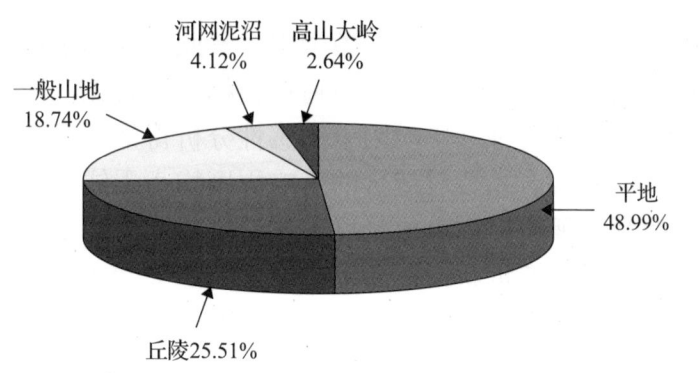

图 2-7　220kV 输电工程检验样本地形分布

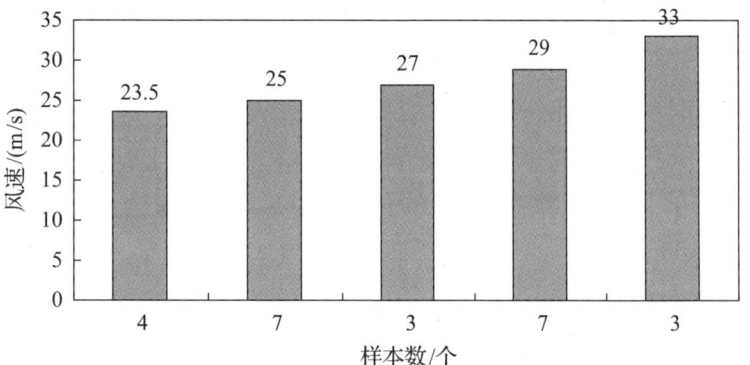

图 2-8　220kV 输电工程检验样本风速分布

2. 输电工程静态造价指标对比检验

为确保所构建的输电工程静态造价新指标的科学性、实用性，本书另选用近些年里国家电网系统中华北地区已竣工投产运营的 220kV 输电工程样本 24 个，并将所构建的两个输电工程静态造价新指标与静态造价传统指标，分别应用到此 24 个工程样本分布的离散性分析中，以检验构建的输电工程静态造价新指标的准确性、科学性。

首先，采用 SPSS 软件对传统静态造价指标进行工程样本分布的离散性检验，分析结果如图 2-9 所示(此类图为 SPSS 软件自动生成结果图，其中，纵坐标代表样本数，横坐标代表单位造价)，24 个工程样本，单位长度静态造价均值为 147.62 万元/km，标准差为

62.31 万元/km，由方差系数＝标准差/均值计算得方差系数为 0.42[①]，方差系数较大，且大部分数据处于偏左位置，可见传统造价指标不能够对输电工程个体造价水平进行客观反映，将其应用输电工程静态造价合理确定与有效控制时会出现较大偏差，导致电网公司无法通过造价指标对输电工程静态造价实施有效控制（王佼，2013）。

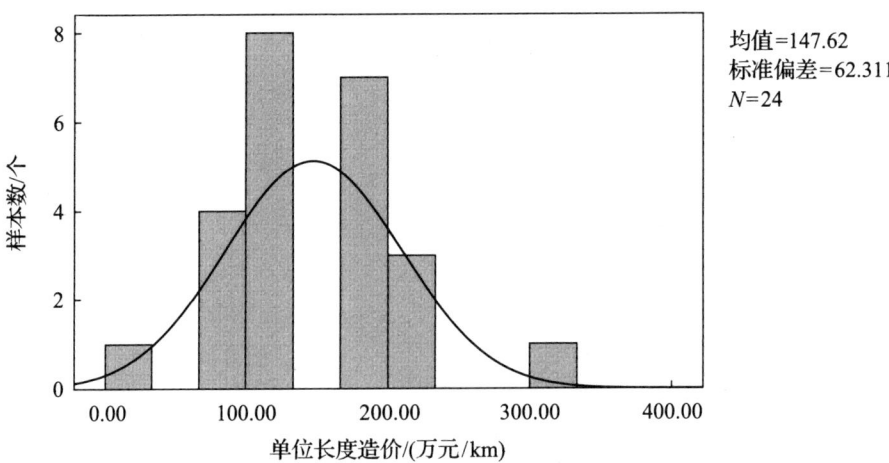

图 2-9　220kV 单位长度静态造价工程分布

　　同理，分别对两个静态造价新指标进行样本分析与检验。首先，对输电工程新造价指标单位长度容量静态造价进行工程样本分布的离散性检验，检验结果参见图 2-10 所示，其均值为 9.84 元/(km·kW)，标准差为 2.76 元/(km·kW)，计算得方差系数为 0.28，比单位长度静态造价方差系数下降 33%，说明这一静态造价新指标由于考虑进输电工程另一大造价线性关键影响因素输送容量，使该静态造价指标在能够充分的反映输电工程个体静态造价水平，通过检验发现其衡量造价数据样本分布的离散性大幅度降低，工程数据偏差程度明显好转，进一步验证本书所构建的单位长度容量静态造价指标控制精度大大提高。

　　接下来对单位综合可比静态造价指标检验分析，分析结果参见

――――――――――

　　① 本章数据计算结果均采用四舍五入保留两位小数。

图 2-11 所示,其均值 7.24 元/(km·kW),标准差为 1.57 元/(km·kW),计算得方差系数为 0.22,较单位长度容量静态造价方差系数略有下降,工程数据分布更加趋于正态分布,其用于衡量输电工程分布结果的离散性单位长度容量静态造价指标的基础上略有改善。这正符合本章前面输电工程静态造价影响因素分析结果。由于两个非线性关键

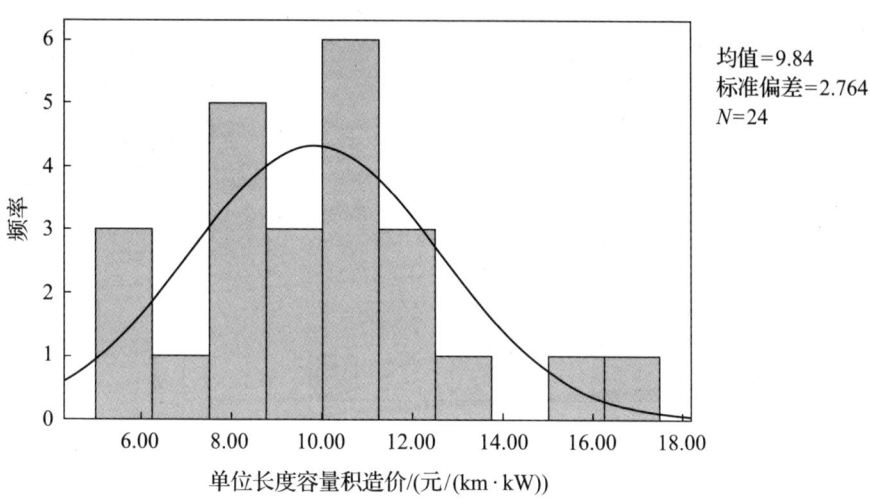

均值=9.84
标准偏差=2.764
N=24

图 2-10　220kV 单位长度容量静态造价工程分布

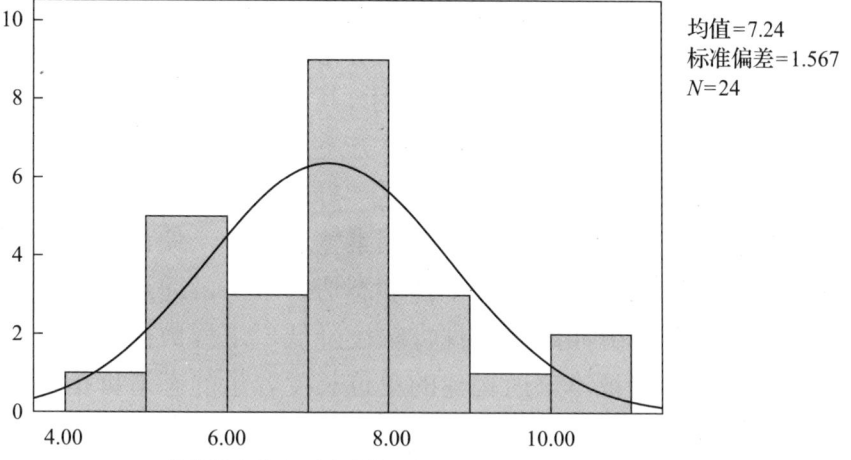

均值=7.24
标准偏差=1.567
N=24

图 2-11　220kV 单位综合可比静态造价工程分布

因素(即地形综合系数、风速)对工程造价的影响程度，明显小于两个线性关键因素线路长度和输送容量，所以导致两个静态造价新指标的检验结果略有差异，但单位综合可比静态造价指标包含地形因素和风速因素，在指标性能上还是略高于单位长度容量静态造价指标，建议在较为复杂地质气候条件下的工程造价合理确定与有效控制方面，使用单位综合可比静态造价指标进行工程造价更为为合适。在工程间地质气候条件差异不大，但线路长度或输送容量差异较大时，使用单位长度容量静态造价指标较为适宜，但若工程间输送容量差异不大时，仍可沿用单位长度静态造价指标，开展输电工程静态造价合理确定与有效控制工作。

(二)输电工程静态造价新指标合理性分析

通过选取典型代表性输电工程开展输电工程静态造价新指标实际应用分析，通过与传统造价指标的对比研究，印证了本书所构建的输电工程静态造价指标的合理性、必要性，也为待建设输电工程造价合理确定与有效控制提供了科学、客观依据。

1. 建设环境相近的工程间静态造价水平比较

为了印证所构建的静态造价指标的科学性，所选取样本工程均为电网系统内典型代表性工程，典型工程间的造价比较分析能更客观地说明本书所构建指标的合理性。本书选取国家电网华北地区2016年度内已竣工投产的 3 条 220kV 架空输电线路工程为例，进行相关资料及造价数据的比较分析，具体说明构建新造价指标的意义，工程主要数据资料展示如表 2-25 所示。

表 2-25 输电工程资料(一)

工程代号	线路长度/km	输送容量/kW	覆冰/mm	风速/(m/s)	地形综合系数	静态造价/万元
A	26.12	125835	10	33	1.01	1956.69
B	67.10	198190	10	29	1.01	7273.00
C	15.74	125835	10	29	1.01	1567.00

由表 2-25 所示的主要工程造价数据计算，得到单位长度静态造价与单位长度容量静态造价对比分析，如表 2-26 所示。当使用传统单位长度静态造价指标比较分析相同或相近年度不同输电工程静态造价水平，输送容量相同或相近时，比较结果与使用单位静态造价新指标单位长度容量静态造价所获取的比较结果一致，表 2-26 中，A 工程单位长度静态造价小于 C 工程单位长度静态造价，而同样在使用单位长度容量静态造价指标时，仍是 A＜C。然而，在不同输送容量的线路工程静态造价比较中，分别使用两个指标，比较结果大相径庭，使用单位静态造价传统指标比较 B 和 C 时是 B＞C，但考虑输送容量后，单位静态造价比较结果为 B＜C。在相同输送容量的工程个体间静态造价比较分析时，沿用单位静态造价传统指标作为输电工程静态造价比较分析指标仍有其实际意义，但当进行不同输送容量工程间静态造价比较分析时，则需要采用单位长度容量静态造价指标准确反映不同工程个体间静态造价实际水平。

表 2-26　输电对照分析(一)

工程代号	长度容量积 /(km·kW)	单位长度静态造价 /(万元/km)	单位长度容量景静态造价 /[元/(km·kW)]
A	3286810	74.91	5.95
B	13298549	108.39	5.47
C	1980643	99.56	7.91

造成结果不一致的具体原因，通过分析发现，B 和 C 工程虽然均为采用单回路架设方式输电，但却使用不同型号的导线。其中，C 工程采用的导线截面小于 B 工程的导线截面，在相同单位长度静态造价下，C 工程输电容量小于 B 工程，在使用输电工程单位长度静态造价指标时，该指标没有考虑输电容量因素，所以获取的比较结果是 C 工程造价低于 B 工程，显然这对比分析结果出现较大偏差。而采用输电工程单位长度容量静态造价时，其考虑了两个工程输电容量情况，反而得出相反的结果，即 B 工程造价水平低于 C 工程。

第二章 输电工程静态造价新指标构建

正是由于 B 工程的导线截面增大，使单位线路长度上的线材量、塔材量、杆塔基数，以及耐张塔比例大幅上升，从而导致单位线路长度投资有所增加。B 工程每千米线材耗用量为 12.88 吨，而 C 工程每千米线材耗用量为 4.09 吨，显然 B 工程单位长度造价要高于 C 工程，加之其他耗材量的增加，最终导致 B 工程的单位长度静态造价高出 C 工程的单位长度静态造价 45%。但 B 工程造价高出部分属于合理投资增加部分，即考虑其投资增加所带来的产出效益的增加成正比。因为 B 工程单位长度上增加的投资换来了 B 工程单位长度上输送容量大幅提高，从而使得 B 工程单位产出大幅增加，单位造价降低，所以，说明采用单位长度容量静态造价指标更能客观、准确地反映工程个体间静态造价实际水平。因此，本书所构建的静态造价新指标更适宜应用与待建设工程静态造价合理确定与有效控制方便。

2. 建设环境差异的工程间个体静态造价水平比较分析

同理，本书选取国家电网系统中华北地区内 2017 年内来已竣工投产的 3 条架空输电线路为样本，工程样本基本数据资料如表 2-27 所示，这 3 条线路的风速和地形均存在一定差异，能够保证比较分析结论准确性。

表 2-27　输电工程资料（二）

工程代号	杆路长度/km	输送容量/kW	覆冰/mm	风速/(m/s)	平原/%	丘陵/%	山地/%	泥沼/%	河网/%	高山/%	静态造价/万元
D	50.46	125835	10	33	0	0	60	0	0	40	5358.36
E	10.20	176169	10	25	72.23	0	27.77	0	0	0	1952.64
F	1.64	125835	10	25	100	0	0	0	0	0	570.34

具体计算结果如表 2-28 所示，通过分析发现，在不考虑覆冰影响条件下，利用单位长度容量静态造价指标，比较分析 D、E、F 三个工程单位静态造价水平时，结果与单位综合可比静态造价指标的比较分析结果相同，即 F＞E＞D。但使用单位长度容量静态造价指标比较分析时，F–E=27.64–10.87=16.77、F–D=27.64–8.44=19.20、

E–D=10.87–8.44=2.43，而当使用单位综合可比静态造价指标比较分析时，工程个体间静态造价差距值略有变化：F–E=16.85–6.43=10.42、F–D=16.85–3.82=13.03，D、E 两工程同 F 工程间单位造价差距均缩小了，说明由于单位综合可比静态造价指标，考虑了非线性因素对造价的影响，所以其工程间比较分析结果比单位长度容量静态造价指标的结果更加精确，这与本章前面研究所得的结论是一致的。另外，E–D=6.43–3.82=2.61。尽管 D 和 E 两工程间静态造价差距略微增大，然而经分析发现，D 工程所处的自然地理环境较 E 工程差，通过两者的风速和地形条件比较即可说明这一现象。因此，采用单位综合可比静态造价指标，将风速与地形两个非线性造价影响因素考虑进静态造价指标中，更能精确反映工程间实际静态造价水平，在使用该静态造价指标时，D 工程静态造价降低幅度较大，E 工程降幅较小，所以两者造价差异增大些。本书建议在工程间自然地理条件差异较小时，可采用单位长度容量静态造价指标，而在自然地理条件差异较大时，建议采用单位综合可比静态造价指标进行工程间静态造价比较分析更为适宜。

表 2-28　输电对照分析(二)

工程 名称	单位长度容量静态造价 /[元/(km·kW)]	地形综合 系数	风速调整 系数	单位综合可比静态造价 /[元/(km·kW)]
D	8.44	1.2	1.84	3.82
E	10.87	1.03	1.64	6.43
F	27.64	1	1.64	16.85

通过对具体造成这一结果差异的原因分析发现，当采用单位长度容量静态造价所获取的比较分析结果时，D 工程单位静态造价略低于 E 工程 2.43 元，而当采用单位综合可比静态造价所获取的比较分析结果时，D 工程单位静态造价低于 E 工程 2.61 元，较前者比较分析结果显示出 D 与 E 两工程单位静态造价差距有所增加。分析造

成 E 工程单位静态造价高于 D 工程的主要原因是 D 和 E 工程虽均采用同一种型号的导线输电，但是 D 工程采用单一回路方式输电，E 线采用同塔双回路方式输电，从而导致 E 工程单位线材用量为 16.71 吨，D 工程单位线材用量为 8.34 吨；E 工程单位塔材耗用量为 53.95 吨，D 工程单位塔材耗用量为 19.84 吨。然而，回路数对工程造价的影响可以反映在输电容量上。因此，利用两个静态造价新指标进行 D 和 E 工程间造价对比时结果方向一致，但静态造价差距有所增加。另外，分析此两个工程结果略微有所差异的原因在于 D 工程的地形综合系数为 1.2，高于 E 工程的仅为 1.03，而 D 工程的风速调整系数为 1.84 也略高于 E 工程的 1.64，基于这两点差异，也说明 D 工程建设环境劣于 E 工程，从而导致两个工程的单位综合可比静态造价的差距较两个工程单位长度容量静态造价差距稍微有所增大。

第三章　输电工程动态造价新指标构建

第一节　输电工程动态造价新指标构建
必要性及构建流程

一、输电工程动态造价指标失效描述

目前，电网公司还没有较为适宜的动态指标对连续年度间输电工程总体平均动态造价及其变化趋势进行控制与分析，以往多采用单位长度动态造价指标对相同年度内工程个体动态造价实施管控。但是，输电工程动态造价(即动态投资)除了包括静态造价(即静态投资)外，还包括价差预备费和建设期贷款利息等，其中，价差预备费的编制需要兼顾施工建设企业合理利益诉求，而由于施工单位自身技术与管理水平等差异，相关造价人员对于价差预备的编制没有一致标准，使电网公司采用输电工程单位长度动态造价指标对工程个体动态造价只能进行粗略管控，造成输电工程动态造价经常出现严重超支现象，实际上，可以说这一动态造价传统指标管控效果失效。

尽管戚安邦和孙贤伟(2005)介绍了世界工程造价理论的主要流派，但是对工程造价指数系统确定的手段与方法未作系统的研究。李敬如和赵彪(2010)对输电工程动态造价分析中无法兼顾工程建设造价总体水平与年度之间指标可比性的问题进行研究。陈洁和侯凯(2016)通过项目分类、重构造价影响因素，建立指数体系来解决动态造价合理性分析结果无法量化评分的问题。但是上述研究对造价指数的系统性与可操作性方面没有做相应分析与研究，特别是如何设计造价指数模型；如何基于造价指数模型构建输电工程动态造价指标等方面未做系统、深入地探讨，因此，有必要开展输电工程动态造价新指标构建研究。通过建立相应适宜的预测方法或仿真模型

第三章 输电工程动态造价新指标构建 ·65·

对未来年份输电工程总体平均动态造价水平及其变化趋势进行合理
确定与判断，实现电网公司对输电工程动态造价有效管控，为造价
相关部门制定未来造价政策提供重要参考依据。

二、输电工程动态造价新指标构建流程

为了构建能够准确、客观反映输电工程动态造价水平的动态造
价指标，本书结合国内外其建筑领域内普遍采用造价指数作为这个
动态造价控制的有效工具，首先构建适宜我国输电工程动态造价特
点的造价指数，并以传统动态造价指标单位长度动态造价为动态造
价新指标的构建基础，通过输电工程造价指数作为动态造价新指标
的调整系数，最终构建输电工程动态造价新指标。鉴于此，输电工
程动态造价指标的构建主要流程如下。

首先，采集近年内国网系统内已竣工投产运营的相关输电工程
动态造价数据信息，该过程实质是为构建输电工程造价指数所用，
架空输电工程属于电力建筑工程，仍可以参考其他建筑领域已经构
建的造价指数所依据的动态造价信息采集标准，并结合我国输电工
程动造价数据特点进行相关工程造价数据信息采集。

其次，通过对所采集的造价数据资料进行误差分析，判断数据
的取舍，提高数据采集的准确性。为了降低产生数据误差的概率，
合理地设计采集数据标准，需要通过误差分析，将大量工程造价数
据去伪存真，以期获取更加真实、可靠的输电工程造价数据用于后
文输电工程造价指数(即动态造价指标)构建研究。

再次，通过对当期两大指数计算模型，即拉斯贝尔指数模型(简
称拉氏指数)和派许指数模型(简称派氏指数)比较分析，结合输电
工程动态造价数据自身特点，考虑造价数据信息采集的便易性和所
生成指数的实用性，选择适宜的指数计算模型来构建输电工程造价
指数。

最后，通过构建输电工程造价指数，再利用造价指数测算出相
应输电工程动态造价新指标。提取国网系统内 S 省网 2010~2016
年来已竣工投产的 220kV 输电工程数据样本 35 个，且均为相应年

份内具有代表性的 220kV 输电工程造价数据，对本书所构建的输电工程动态造价新指标与合理性进行分析，采用本书所建立造价指数对输电工程单位长度动态造价指标进行测算，测算结果与实际造价的偏差程度较小，说明了本书所构建动态造价新指标的具有较高的实际应用性。

第二节 动态造价相关数据信息的采集

一、动态造价信息采集标准及对象分析

(一)信息采集标准

造价人员或咨询机构在采集与分析动态造价数据信息前，需要确定造价数据信息采集标准，依据信息的采集标准将相应工程动态造价信息及时、准确地录进造价信息系统，这也是建立动态造价数据库、获取动态造价信息的重要方式。

输电工程动态造价数据信息采集标准的建立是为了使用户更加方便、可行、合理地使用所收集的输电工程造价信息，而且适宜使计算机能够进行存储、整理、分析、检索、查询等操作。在建立采集标准时，考虑本书第二章得出的研究结论说明影响输电工程造价的因素众多，如自然环境因素、工程技术因素、价格因素、时间因素等，故将输电工程的造价信息、特征信息和基本信息确定为动态造价信息采集的主要构成。

输电工程主要涉及本体工程和辅助工程，其中，输电建设项目本体工程费用主要集中在杆塔工程费、架线工程费及基础工程费上。具体输电工程动态造价数据信息采集标准结构参见图 3-1 所示。

(二)信息采集对象

1. 物价指数

我国一些地区的行业协会或组织及相关价格管理部门会定期跟踪相关物价的历史变化，发布相关物价指数，同时还会定期对外发

布一些材料的价格信息等。例如：国内一些工程造价部门每年定期发布相关定额信息，包括单项价格指数（如人工费用、材料价格、施工机械折旧及管理性费用）、分部分项工程价格指数（例如，建筑安装工程造价指数）及综合价格指数（例如，建筑工程造价总指数）（戴朝晖等，2011）。相关造价管理部门可以将所收集与整理的物价信息，经过数据系统处理后，直接用于建立相应的工程造价指数系统（郝建新，2004），并应用到相关造价领域中，以提升相关领域的工程造价管理水平。

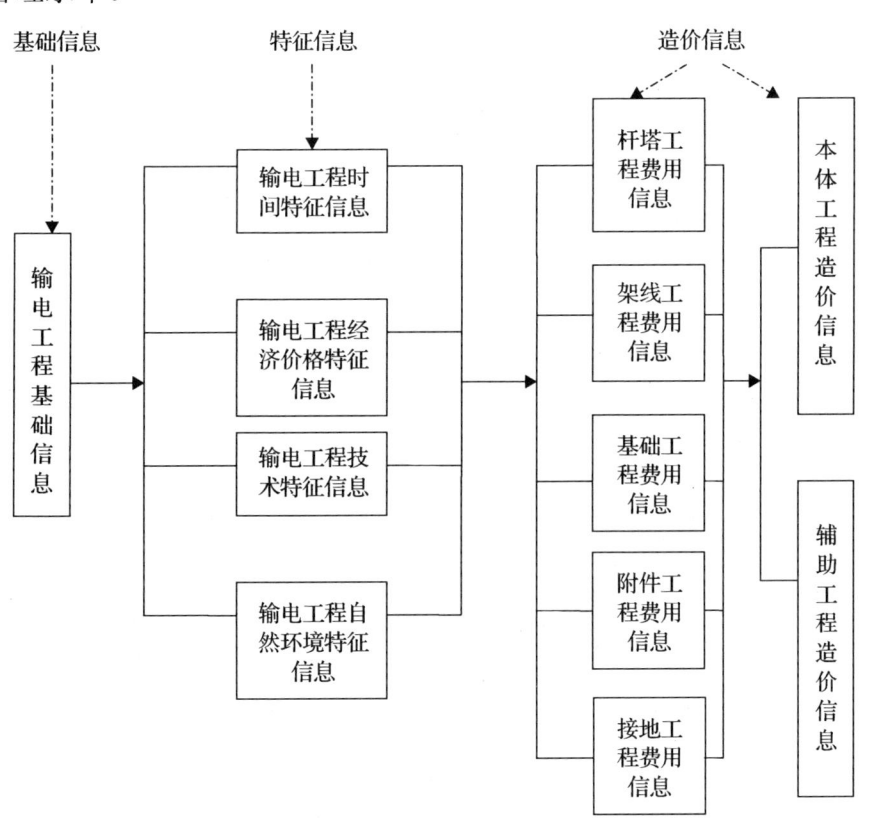

图 3-1　输电工程动态造价数据信息采集标准结构

2. 市场价格信息

目前，我国具备市场化程度较高的建筑材料和安装设备市场，搜集一些主要建筑材料、机械设备的价格相对容易。同时,一些行业咨询机构和造价管理部门都能将行业内人工、主要建筑材料、安装设备及施工机械台班等最新市场价格信息予以定期发布。通常造价人员可在对应网站或相关专业期刊上,查找到所需信息的原始数据。例如,中国电力企业联合会定期根据前一年度内或前一周期内相关电力工程中所涉及的人工、主材及机械台班等价格的测算结果,对本年及后续年度电力工程定额进行一次性调整,并将调整后的造价信息对外公布出去,以便更好地指导相关电力工程的建设与造价管理工作。

然而,当今计算机网络技术的迅速发展,使得我们搜集相关造价信息较为容易的同时,也出现了一些问题。例如:我国一些地区行业协会、咨询机构、造价管理部门等单位的服务对象和运营目标都存在差异,从而导致各单位在网络上公开发布相关领域内的人工、材料、设备等价格信息时,都存在一定的局限性或片面性。久而久之,就形成了我国造价相关部门或行业协会间的专业领域信息互相封闭,各自为战的局面。电力工程造价部门一般以 3 年为一周期才对电力工程定额全面更新一次,而且调整的信息量较少,且覆盖面窄,显然不能作为准确指导当期及长期输电工程造价的重要依据。因此,采集输电工程人、料、机等价格信息,可有助于我们确定与控制输电工程造价,还可为编制相关造价指数(如材料价格指数等)提供必要数据,需要我国工程造价部门及相关造价管理人员高度重视输电工程人、料、机等价格信息的采集。

3. 已完工程造价资料

这里所述的已完工程造价资料是指当前国家电网系统内已经竣工投产的输电工程建设的相关造价资料,包括投资估算、设计概算、施工图预算及竣工结算与决算等造价资料信息。其中,最为直接、最为宝贵的工程造价数据是竣工决算,它是建设工程的最终实际投资,最能反映建设工程的实际价值,可将其推广于同规模、同类、同期电力工程造价确定与控制。通过竣工决算与工程概算或预算的对比分析,能够准确发现输电工程自身存在的造价差异,并针对性分

第三章　输电工程动态造价新指标构建

析造成差异的产生原因，及时采取必要的造价防控措施，为待建设工程投资估算的准确性和造价确定的合理性提供必要参考。另外，输电工程竣工阶段决算资料的搜集与整理，可为编制新的输电工程造价文件提供依据，还可为输电工程造价指数的编制提供有效的数据支持。

　　国外一些国家已经建立了较为完整、科学的历史工程造价数据库。该数据库不仅是权威、准确的工程造价指数的来源，同时还可提供各种建设工程造价指标。国外针对历史工程造价数据的收集，主要包括历史工程建设全过程造价资料和不同建设阶段工程量等信息。通过这些必要的造价信息，能够让造价管理人员更好地了解类似建设项目的工程特征，进而为编制待建设工程造价文件，提供重要的信息参考。然而，在我国输电工程建设领域，目前对历史工程造价资料的搜集与分析工作的重视程度不够，暂未建立起较为完善的历史工程数据的收集、分析与处理机制，从而导致大量输电工程历史造价数据的流失。因此，有必要通过搜集我国较为丰富的输电工程历史造价数据资料，建立输电工程造价数据库，应用数理统计、聚类分析等现代数据挖掘技术，经过筛选、整理、计算、分析历史造价数据，汇总造价信息，开展输电工程造价指数设计工作，建立较为科学、完善的输电工程造价指数体系，并使其在实际工程造价管控中充分发挥作用。

二、输电动态造价数据鉴别与筛选

(一)基于误差分析的数据鉴别的意义及分类

1. 基于误差分析的数据鉴别的意义

由于采集工程造价资料过程中不可避免出现错误，加之造价数据多取自不同项目主体，导致数据间差异较大，需要对所采集的工程造价数据进行数据鉴别及误差分析，以保证所采集造价数据的准确性。

2. 数据鉴别模型的分类

通常误差判别的方法主要有拉依达法、格拉布斯法等。当数据样本容量足够大时，采用拉依达准则可以不用查表，使用起来更加方便，但是如果数据样本容量较小时，采用该准则进行误差判断时，会降低判断结果的准确性。而当数据样本容量较小时，采用格拉布斯准则，则会大大提升判断结果的准确性，但是该准则需要查表使用(戴朝晖，2011)。

(二)数据鉴别模型筛选数据的基本思路及步骤

鉴于用于指数构建所需采集相关造价的信息量较大，且要求数据在时间上保持连续性，所以为了提高数据采集的效率，需要通过数据鉴别模型，将每一年度中同类型的若干典型工程数据做奇异值鉴别，进而筛选出有效的造价数据。其次，测算该年度同类典型工程造价数据的平均值，以保证本章所建立的工程造价指数具有较高的实用与推广价值(陈理敏，2012)。

1. 数据鉴别模型基本思路

数据鉴别基本思想：假定在连续时间段内，认为所采集的工程造价数据是服从某一分布(如正态分布)的随机变量，如果在规定置信概率的区间以外，发现绝对值较大的误差，即可判别为较大误差，那么应剔除该工程造价数据值(吴学伟，2009)。

2. 数据鉴别基本步骤

数据鉴别基本步骤：首先，通过对误差来源进行分析，划分误差类别；其次，检验所采集的工程数据是否合理；最后，如果发现所采集的工程造价数据中可能存在的坏值，需要将坏值予以剔除。

(三)基于拉依达数据鉴别模型的动态造价数据筛选

1. 拉依达法鉴别标准

拉依达法又称为 3 倍标准偏差法，是美国混凝土标准中所采用的方法，该方法的判别标准通常定为 3 倍标准偏差，即在多次试验中用 3 倍标准偏差(3S)作为取舍可疑数据的标准。换句话说，就是当一数据 X_i 同该组数据的算术平均值 $\overline{X_n}$ 之差大于 3 倍标准偏差时，如式 3.1 所示：

$$\left| X_i - \overline{X_n} \right| > 3S \tag{3.1}$$

式中，$\overline{X_n} = \dfrac{X_1 + X_2 + \cdots + X_n}{n}$，$i=1,2,\cdots,n$；$S = \sqrt{\dfrac{1}{n-1} \sum (X_i - \overline{X_n})^2}$，

则该数据应舍弃。

该理论的基础认为统计数据的均值 μ 和标准差 σ 服从正态分布，按照正态分布的理论，存在表 3-1 中分布情况（郭彦兰等，2007）。

表 3-1 拉依达数据分布

数据分布范围	数据分布概率/%
$\mu - 1\sigma < X_i < \mu + 1\sigma$	68.26
$\mu - 2\sigma < X_i < \mu + 2\sigma$	95.46
$\mu - 3\sigma < X_i < \mu + 3\sigma$	99.73
$\mu - 4\sigma < X_i < \mu + 4\sigma$	99.994
$\mu - 5\sigma < X_i < \mu + 5\sigma$	99.99994
$\mu - 6\sigma < X_i < \mu + 6\sigma$	99.99999998

由于样本点数据仅可能以 0.27%的概率落在$[\mu - 3\sigma, \mu + 3\sigma]$范围之外，而此概率一般属于小概率事件，在大多数研究领域中，通常认为小概率事件不会发生，所以，小概率事件一旦发生了，则可认定该数据异常。

通常在数据采集的初期阶段有效样本容量不大，数据量较少，因此，需要尽可能扩大数据采集的范围。此时可通过确定 t 分布临界点和测算现有数据，将 4S 确定为判别标准。取 4S 作为判别标准的理由是，根据随机变量的正态分布规律，在多次试算中，数据仅可能以 0.006%的小概率落在$[\overline{X_n} - 4S, \overline{X_n} + 4S]$之外，但却以 99.994%的大概率落在$[\overline{X_n} - 4S, \overline{X_n} + 4S]$之内。因而在实际采集数据过程中，一旦小概率事件发生了，即可判定该数据为异常数据，要求提供人员做出说明并进行分析，否则应予以舍弃。

因此，对于判别结果要求不高或需要多次检测时，可以应用拉依达法。该法要求较宽，不需查表，简单方便。在采用拉依达法判别数据误差时，首先，需要将已采集到的数据排队，然后计算出这组数据的平均值及标准差，当某一新采集的数据值的残差大于 4 倍标准差时，则判定该数据为异常数据。

2. 基于拉依达鉴别模型的动态造价数据分析

现以国家电网系统内华北网区某一年内的两项 220kV 输电工程基础工程造价数据进行检验。依据《国家电网公司输变电通用造价 220kV 输电线路分析(2014)》中各典型造价中平地条件下典型工程基础工程造价数据作为已经存在的合格数据，将样本数据与合格数据进行比较，从而鉴别出有效数据，具体数据如表 3-2 所示。

表 3-2 输电工程相关数据鉴别表

合格项目代号	定额依据	电压等级	回路数	基础开方/(m³/km)
2A3-P	国网 220kV 输电通用造价 2014 版	220kV	单回	482.65
2A4-P	国网 220kV 输电通用造价 2014 版	220kV	单回	476.29
2A6-P	国网 220kV 输电通用造价 2014 版	220kV	单回	638.88
2B2-P	国网 220kV 输电通用造价 2014 版	220kV	单回	443.02
2B5-P	国网 220kV 输电通用造价 2014 版	220kV	单回	472.52
2B10-P	国网 220kV 输电通用造价 2014 版	220kV	单回	544.45
2C2-P	国网 220kV 输电通用造价 2014 版	220kV	单回	610.38
待验工程代号	定额依据	电压等级	回路数	基础开方/(m³/km)
A	国网 220kV 输电通用造价 2014 版	220kV	单回	919.37
B	国网 220kV 输电通用造价 2014 版	220kV	单回	220.45

具体计算过程如下所示：

$$\overline{X_n} = 524.03$$

$$S = \sqrt{\frac{1}{n-1}\sum(X_i - \overline{X_n})^2} = 75.58$$

得 $\overline{X_n} - 4S = 221.71$；$\overline{X_n} + 4S = 826.35$。

将新采集的 A 和 B 两工程的基础开方数据进行鉴别，发现 A 工程的 919.37 和 B 工程的 220.45 均不在[221.71,826.35]范围内，说明新采集样本 A 和 B 的基础开方数据存在问题，要求提供人员做出相应解释。否则，这两项工程基础开方数据不应予以采纳，不能用于后文的指数构建。

(四)基于格拉布斯数据鉴别模型的动态造价数据筛选

1. 格拉布斯法鉴别标准

首先，把新采集的数据与已有的合格的同类数据，进行从小到大排列：

$$X_1 < X_2 < \cdots < X_n \tag{3.2}$$

若新采集的样本工程数据为最小值或最大值时，方可利用格拉布斯鉴别模型判定。若新采集的样本工程数据在式(3.2)数列中间，即非最小值或非最大值，则可认定该数不存在奇异，属于合理数据。

其次，确定鉴别风险概率 α 值。若 α 是一个较小的概率值，假设为 0.01、0.025、0.05 等，为利用格拉布斯法鉴别奇异数据出现误判的概率，那么置信概率 $P=1-\alpha$，即对应 α 的 P 为 0.99、0.975、0.95 等。如果要求不严格，α 可以定得大一些，例如：设定 $\alpha=0.1$，那么 $P=0.9$。但通常情况下 $\alpha=0.05$，$P=0.95$ 为本书所取标准。

再次，测算 q 值。若新采集的样本工程数据疑似奇异小数据，令

$$q = \frac{\overline{X_n} - X_i}{S} \tag{3.3}$$

若新采集的样本工程数据疑似奇异大数据，则令

$$q = \frac{X_i - \overline{X_n}}{S} \tag{3.4}$$

式 (3.3) 和 式 (3.4) 中， $\overline{X_n} = \dfrac{X_1 + X_2 + \cdots + X_n}{n}$ ，$i=1,2,\cdots,n$ ；

$S = \sqrt{\dfrac{1}{n-1}\sum(X_i - \overline{X_n})^2}$ 。

然后，依据 P 和 n 的值，查表获得 $q(n,P)$ 的值，进一步对数据鉴别。具体 $q(n,P)$ 对应值如表 3-3 所示 (徐国祥，2004)。

表 3-3　$q(n,P)$对照数据

P	n							
	3	4	5	6	7	8	9	10
0.95	1.45	1.46	1.67	1.82	1.94	2.03	2.11	2.18
0.975	1.15	1.48	1.71	1.89	2.02	2.13	2.21	2.29
0.99	1.15	1.49	1.75	1.94	2.10	2.22	2.32	2.41

最后，进行 q 值比较。若 $q>q(n,P)$，则将新采集到的数据判别为奇异数据，并认定此数据为不可信数据，要求提供人员做出相应解释；若 $q<q(n,P)$，认定新采集的样本工程数据不是奇异数据，予以保留。其中，$q(n,P)$ 值与原有的采集数据个数和置信水平有关系，可通过查表获取。

2. 基于格拉布斯鉴别模型的动态造价数据分析

采用上文拉依达法实例应用中 220kV 输电工程样本数据，通过格拉布斯鉴别模型进行验证。

首先，将新数据即 A 工程基础开方数据 919.37，与已经存在的合格数据进行由小至大排列：443.02、472.52、476.29、482.67、544.45、610.38、638.88、919.37 (注意新采集的大数据排在序列最末端)，然后，采用格拉布斯模型进行数据鉴别。

第三章　输电工程动态造价新指标构建　　　·75·

具体测算过程如下所示：

$$\overline{X_n} = 573.45$$

$$S = \sqrt{\frac{1}{n-1}\sum(X_i - \overline{X_n})^2} = 156.31$$

$$q = \frac{X_i - \overline{X_n}}{S} = \frac{919.37 - 573.45}{156.31} = 2.21$$

$q=2.21>q(8,0.95)=2.03$，可认定新采集的 A 工程样本数据为奇异数据，不能为后文指数构建研究所使用，应予以舍弃(张冠洲和许志明，2004)。否则，需要提供人员做出相应解释。

同理，将新数据 B 工程基础开方数据 220.45 与已经存在的合格数据进行由小至大排列：220.45、443.02、472.52、476.29、482.67、544.45、610.38、638.88(注意新采集的小数据排在序列最前端)，然后，采用格拉布斯模型进行数据鉴别。

具体测算过程如下所示：

$$\overline{X_n} = 486.08$$

$$S = \sqrt{\frac{1}{n-1}\sum(X_i - \overline{X_n})^2} = 128.12$$

$$q = \frac{\overline{X_n} - X_i}{S} = \frac{486.08 - 220.45}{128.12} = 2.07$$

可知，$q=2.07>q(8,0.95)=2.03$，可认定新采集的 B 工程样本数据为奇异值，同样不能为后文指数构建研究所使用，应予以舍弃。否则，需要提供人员做出相应解释。

通过采用两种鉴别模型对本书搜集的 A 和 B 两项 220kV 工程的基础开方数据进行检验，判断是否存在奇异数据，最终获得的结论一致，说明本书所采用的两种数据鉴别模型均有效。由于拉依达准则使用方便，不用查表，但要求样本容量 n 足够大，所以当样本容量 n 不是足够大时，判断可靠性不高。格拉布斯准则要求 n 不是很大，比较适合小样本容量数据鉴别。在判别的可靠性方面，格拉布斯准则较准确。因此，可实际工程实践中，可依据所搜集的样本数量与质量情况，选择合适鉴别模型对样本数据进行筛选。

第三节　基于造价指数的输电工程动态造价新指标构建

造价指数是动态反映工程造价的重要工具，可以通过输电工程造价指数对不同时期输电工程动态造价的变化趋势和幅度进行研究。采用造价指数构建并测算输电工程动态造价新指标更能客观、准确地反映输电工程总体平均动态造价水平，有助于电网公司对输电工程动态造价合理确定与有效控制。本节通过选择指数计算模型来构建输电工程造价指数，再通过造价指数测算出输电工程动态造价新指标。

一、拉氏造价指数与派许造价指数比较分析

经过前面相应章节的论述，可知输电工程造价的分部分项工程主要包括杆塔工程、架线工程等，而由分部分项工程汇总而成的单位工程有本体工程、辅助工程等，其中分部分项工程造价中人、材、机的价格指数均为个体指数，而分部分项工程造价指数和单位工程造价指数等属于综合指数，而且是一种质量指数。

一般情况下，个体指数只需将报告期与基期值相比，即可测算出来，其计算模型相对简单，但对于造价综合指数，指数中包含"量与价"双层因素的变化，有必要对"量与价"进行综合度量，因此，如何选择同度量因素就至关重要，具体而言，就是选取基期计划消耗数量为同度量因素，还是选择报告期实际消耗数量为同度量因素（崔文琴和黄丽艳，2011）。

鉴于选择同度量因素的视角不同，指数研究与应用领域主要划分为拉氏指数和派许指数两大经典指数类别。其中，拉氏指数主张选取基期权数，而派许指数主张选取报告期权数。

第三章 输电工程动态造价新指标构建

(一)质量指数模型

1. 拉氏质量指数

拉氏质量指数以基期商品数量为同度量因素，比较报告期该商品价格与基期该商品价格变化情况，计算式如式(3.5)所示：

$$L_p = \frac{A_0 P_{A1} + B_0 P_{B1} + \cdots}{A_0 P_{A0} + B_0 P_{B0} + \cdots} = \frac{\sum q_0 p_1}{\sum q_0 p_0} \tag{3.5}$$

式中，L_p 为拉氏物价指数；$q_0(A_0, B_0, \cdots)$ 为一组商品基期数量；$p_0(P_{A0}, P_{B0}, \cdots)$ 为对应该组商品基期价格；$p_1(P_{A1}, P_{B1}, \cdots)$ 为对应该组商品报告期价格。

2. 派许质量指数

派许质量指数以报告期商品数量为同度量因素，比较报告期该商品价格与基期该商品价格变化情况，计算式如式(3.6)所示：

$$P_p = \frac{A_1 P_{A1} + B_1 P_{B1} + \cdots}{A_1 P_{A0} + B_1 P_{B0} + \cdots} = \frac{\sum q_1 p_1}{\sum q_1 p_0} \tag{3.6}$$

式中，P_p 为派许物价指数；$q_1(A_1, B_1, \cdots)$ 为一组商品报告期数量；$p_0(P_{A0}, P_{B0}, \cdots)$ 为对应该组商品基期价格；$p_1(P_{A1}, P_{B1}, \cdots)$ 为对应该组商品报告期价格。

(二)数量指数模型

1. 拉氏数量指数

拉氏数量指数以基期商品价格为同度量因素，比较报告期该商品数量与基期该商品数量变化情况，计算如式(3.7)所示：

$$L_q = \frac{P_{A0} A_1 + P_{B0} B_1 + \cdots}{P_{A0} A_0 + P_{B0} B_0 + \cdots} = \frac{\sum p_0 q_1}{\sum p_0 q_0} \tag{3.7}$$

式中，L_q 为拉氏物价指数；$p_0(P_{A0}, P_{B0}, \cdots)$ 为一组商品基期价格；

$q_0(A_0,B_0,\cdots)$为对应该组商品基期数量；$q_1(A_1,B_1,\cdots)$为对应该组商品报告期数量。

2. 派许数量指数

派许数量指数以报告期商品价格为同度量因素，比较报告期该商品数量与基期该商品数量变化情况，计算式如式(3.8)所示：

$$P_q = \frac{P_{A1}A_1 + P_{B1}B_1 + \cdots}{P_{A1}A_0 + P_{B1}B_0 + \cdots} = \frac{\sum p_1 q_1}{\sum p_1 q_0} \tag{3.8}$$

式中，P_q为派许物价指数；$p_1(P_{A1},P_{B1},\cdots)$代表一组商品报告期价格；$q_0(A_0,B_0,\cdots)$为对应该组商品基期数量；$q_1(A_1,B_1,\cdots)$为对应该组商品报告期数量。

通过上述造价指数计算模型的对比分析，由于拉氏质量指数将同度量数量因素固定在基期，那么将该模型用于分部分项工程单价指数计算时，按照过去商品或要素消耗量测算分部分项工程要素价格的变动程度。换言之，采用拉氏质量指数模型，仅需将基期权重或消耗量锁定为过去的某个典型工程中。因此，只要将典型工程确定后即可，其数据分析与计算量相对简单，但其模型中子项与母项的差额说明由于价格的变动，按过去的消耗量实施分部分项工程时，将多支出或少支出的金额，这些金额的变化显然没有实际意义。采用派许质量指数以报告期权重或消耗量为同度量因素，使价格变动与实际的消耗数量相关联，而不仅仅是与价格变动前的消耗数量相关联，比较符合价格指数的经济意义。但采用派许指数模型，费用占比权重是以报告期的某个典型工程为准，需要确定每一次报告期的典型工程，这会加大报告期工程数据的收集、整理、分析与计算的难度。

二、输电工程造价指数的生成研究

所有附有时间属性的价格都可以某种形式生成相应的指数，结合输电工程动态造价数据自身特点，考虑造价数据信息采集的便易性和所生成指数的实用性，本书将借鉴国外其他建筑工程领域中的要素价格指数与综合造价指数生成过程，开展输电工程造价指数的相关研究。

(一)要素价格指数及构建

1. 要素价格指数

人工、材料和机械在输电工程建设过程中属于工程建设最主要、最基本的投入要素，对应的人工成本、材料价格和机械使用费用也是构成输电工程造价的最基础部分。当工程建设中人工成本、材料价格和机械使用费用发生变化，则相应工程项目的造价也会发生变化。因此导致输电建设工程造价波动的根本因素即人、料、机的价格，这也是建设各方密切关注的焦点。输电工程造价指数构建的一项基础且重要工作即对输电工程建设中的人工成本、材料价格和机械台班使用费用的变化程度及趋势进行研究。由人工成本、材料价格和机械台班使用费用生成的指数属于个体指数，是造价指数系列中最重要和基础的指数之一。

1) 人工成本指数

输电工程建设领域具有资金密集型与劳动密集型两大特征。通常情况下，发达国家中建筑总成本的 50%～60%是建筑人工成本。目前，由于我国输电建设工程中大，量雇佣农民工，所以建筑人工成本相对较低，一般占到工程建筑成本的 20%～30%。随着我国国民经济的迅速发展，人工工资水平上涨，近些年我国的建筑人工成本呈现出逐年上涨趋势，且建筑人工成本占建筑总成本的比例也呈现出不断提高趋势。因此，人工成本指数能够充分反映出动态的市场信息。

人工成本指数分为人工成本价格指数和人工成本综合指数。人工成本价格指数是指按照信息采集标准中选定的主要工种，并采用定基期的方式分别生成价格指数，其中所用的基期可以根据实际情况进行周期性的替换(吴学伟，2009)。人工成本综合指数则是将各报告期中各类工程的人工成本平摊到输电工程线路长度上，再与基期值相比而得，反映了该类工程人工综合单价的波动情况。可以选取更适宜我国输电工程造价指数生成的派许质量指数模型，将各类工种的报告期人工数量作为权重，通过各类工种的人工成本价格进行加权计算出人工成本综合指数。

2) 材料价格指数

材料价格作为输电工程造价的一个重要组成部分，其变化会对工程造价产生重要影响。在发达国家中相应建筑总成本的 30%为建筑材料费。一般情况下，我国输电项目建设总成本的 50%~60%为建筑材料费，尤其是在当前国内建筑业人工成本与国外相比严重偏低的情况下更是如此。因此，材料价格对我国输电建设工程造价的影响很大。

材料价格指数主要是指主要耗材的价格指数和主要耗材的价格综合指数。主要耗材是指对输电工程造价影响较大的材料，包括插入角钢、地脚螺栓、基础钢材、砂子、碎石等。主要耗材的选取可依据帕累托准则，采用 ABC 分析法获得，即依据该准则统计分析出占输电工程材料费 80%的材料品种为主要耗材。材料价格指数具体计算方法与人工成本指数类似。需要注意的是，在短期内人工成本与各主要工种所占的比重相对比较稳定，然而对于材料价格，虽然在长时期里各主要材料在工程中的比重处于相对稳定的水平，但是材料价格的波动频率较高且波动幅度也较大。因此，及时更新材料价格信息与权重以便生成的材料价格指数具有一定的实效性。

3) 机械台班使用费用指数

一般情况下，在输电工程造价中人工成本和材料费大所占比例均要远高于机械台班使用费用的比例，加之工程机械台班使用单价相对稳定，另外，在不同的电力工程项目间工程机械的类型、规格也存在较大差异(Vanhoucke，2010)。因此，在实际操作机械台班使用费用指数时会遇到较大的困难，从而导致该指数的实际使用价值并不高。所以本书建议待具体工程分析需要时，可以参照人工成本指数或材料价格指数生成方法计算求得机械台班使用费用指数。其中，机械台班使用费用指数主要包括机械台班费用指数和机械台班费用综合指数。

2. 要素价格指数构建

1) 基于派许指数模型的投入要素单项价格指数构建

投入要素单项价格指数主要指输电工程建设中涉及的各种人工成本指数、各种主要材料价格指数，以及施工机械台班费用指数等。由于其属于个体指数，编制过程无需考虑权重因子，可以直接用报告期价格与基期价格相比后获得。例如第 i 种材料价格单项指数计算模型如式(3.9)所示：

$$T_i^d = (P_i^1 / P_i^0) \times 100 \qquad (3.9)$$

式中，T_i^d 为投入工程的第 i 种材料报告期价格单项指数；P_i^1 为投入工程的第 i 种材料报告期价格；P_i^0 为投入工程的第 i 种材料基期价格，$i=1,2,\cdots,n$。输电建设工程中，人工成本指数与机械台班费用指数的测算，与材料价格指数类似，这里不再赘述。

在输电工程建设过程中会涉及多种人工、材料及机械。那么，就需要我们测算人工成本、材料价格及机械台班费用的各自综合价格指数。

2) 基于权重分析的投入要素综合价格指数构建

投入要素综合价格指数，其中包括人、料、机的综合价格指数，它们分别由其人工、材料及机械台班单项价格指数通过派许指数法测算得到。在输电工程建设中涉及的施工建筑材料种类繁多，例如：输电工程主要耗材包括导角钢、地脚螺栓、基础钢材、砂子、碎石等。同理，输电工程中分部分项工程所涉及的耗材价格指数都属于综合指数，测算时需考虑权重因子，然后采用派许指数法求得。这里将同度量因素确定为报告期耗材量，符合派许体系适用质量指标的主张。此时材料价格综合价格指数的计算模型可以表示为

$$T_{ji}^z = \left(\sum q_{ji}^1 p_{ji}^1 \Big/ \sum q_{ji}^1 p_{ji}^0 \right) \times 100 \qquad (3.10)$$

式中，T_{ji}^z 为第 j 项分部分项工程中投入的第 i 种材料综合价格指数；

p_{ji}^1 和 p_{ji}^0 分别为第 j 项分部分项工程中投入的第 i 种材料报告期价格与基期的价格或费用；q_{ji}^1 为第 j 项分部分项工程中投入的第 i 种材料报告期耗用量或费用权重，$j=1,2,\cdots,m$，$i=1,2,\cdots,n$。需要注意的是，输电工程建设与安装材料规格品种繁多，应该依重点选取主要的大宗材料进行指数测算。输电建设工程中人工成本与机械台班费用综合指数测算同材料价格综合指数类似，这里不再赘述。

(二)综合造价指数及构建

1. 综合造价指数

综合造价指数具有广泛的指导意义与使用价值，在国内外工程造价管理领域都占据非常重要的地位，尤其是推行工程造价动态管理以来，综合造价指数的作用越来越重要。针对目前输电工程造价指标中普遍使用的单位长度造价指标，可以将单位长度造价指标为基础构建并计算输电工程综合造价指数单位长度造价指数。或者说，输电工程单位长度造价指数是将输电工程的总造价平均分摊到其输电线路长度上所计算获得的指数，由于其"量"在此过程中已被固化，因此，所生成的指数可以相对纯粹的反映要素价格波动给工程造价带来的影响程度。

依据本书第二章中关于工程造价相关理论的研究，对于输电建设工程，按照工程项目组成划分造价，可将输电工程造价划分为分部分项工程造价、单位工程造价、单项工程造价等，所以，相对完整的单位长度造价指数应包括分部分项工程单价指数、单位工程单价指数、单项工程单价指数。其中，分部分项工程单价指数具体包括杆塔工程单价指数、架线工程单价指数、附件工程单价指数、基础工程单价指数，以及接地工程单价指数；单位工程造价指数具体包括本体工程单价指数、辅助设施工程单价指数、其他费用单价指数；单项工程单价指数即输电工程单价指数。分部分项工程单价指数可以作为投资估算、设计概算等重要参考，单位工程单价指数可以为工程快速估价提供重要参考，单项工程单价指数则可以为项目

第三章 输电工程动态造价新指标构建

投资决策提供重要依据。为了后文清晰地构建输电工程造价指数体系，这里将单位长度造价指数命名为综合实体单位造价指数。

2. 基于权重分析的综合实体单位造价指数构建

作为汇总计算的分部分项工程费用重要依据的分部分项工程造价指数，既是工程量清单价格中最小组成部分，也是投入要素单项价格指数与各综合实体单位造价指数之间的连接桥梁，还是输电工程所涉及的各专业造价指数编制的基础数据，因此，它在指数体系中发挥着重要的作用。分部分项工程单价指数采用派许指数模型设计并测算具体模型如式(3.11)所示：

$$K_j^z = \sum w_{ji}^1 T_{ji}^z \tag{3.11}$$

式中，K_j^z 为第 j 项分部分项工程报告期综合实体单位造价指数；w_{ji}^1 代表实际对应期第 j 项分部分项工程中第 i 种投入要素费用占该项工程总费用的比重；T_{ji}^z 为实际对应期第 j 项分部分项工程中投入的第 i 种投入要素综合价格指数。$j=1,2,\cdots,m$；$i=1,2,3$。输电工程其他综合实体单位造价指数测算模型类似，这里不再赘述。

三、输电工程动态造价新指标构建

正如前文所述，为了更好地解决目前我国输电工程动态造价指标失效问题，本书通过构建输电工程造价指数，再利用造价指数测算出相应输电工程动态造价指标。

(一)造价指数体系构建模式

(1)网络型指数体系。当待控制对象系统具有较复杂的技术时，即系统中出现难于分离的指标，或者系统中指标模型本身要求决定时，可以在采用网络状结构建立指标体系。

(2)多目标型指数体系。追求单一的目标控制，对于复杂技术系统而言，一般存在较大危险性和局限性，解决的这类问题可以采用多目标控制体系结构。

（3）层次型指数体系。依据控制目标的需要，通过分析技术的逻辑层次、功能层次及结构层次等，建立相应的层次性指标体系。该结构在工程技术经济管理工作中经常被采用构建指标体系。

依据输电工程动态造价实际情况和造价的动态控制目标，本章将造价指数体系结构的设计为层次型，从而对应输电工程动态造价指数体系也为层次型结构。

（二）动态造价指数构建过程

输电工程单位造价指数就是以某一特定时期的输电工程单位长度动态造价指标为基数，而其后各期输电工程单位长度动态造价指标与其对应基数的比值。输电工程动态造价按照计算标准不同，可以分为输电工程总动态造价与输电工程单位动态造价。本节选取输电工程单位动态造价作为研究对象来编制输电工程单位造价指数，基于输电工程造价指数所构建的动态造价指标不仅能反映输电工程建设中涉及的主要材料等投入要素价格及实物数量等方面的变化水平，还能反映出输电工程在不同时期工程间总体平均动态造价及其趋势变化情况，更能快速反映出连续年度里输电工程造价间总体平均动态造价水平。本章主要从输电工程造价动态管理入手，开展输电工程动态造价指标构建研究，需要考虑连续年度中物价、银行基准利率等经济因素对工程造价的影响，所以应将动态造价作为研究连续年度输电工程造价变化的对象。

本书选取输电工程单位长度动态造价作为研究对象来编制造价指数，更适宜不同年份工程间总体平均动态造价的趋势分析及管控，也解决了以往文献研究所构建的输电工程造价指数没能对连续年份工程间造价及造价总体平均趋势开展合理分析与管控问题。

结合前文造价指数生成研究结果，对于输电工程而言，相对完整的造价指数层次体系如图 3-2 所示，包括 1 个一级指标，即输电工程单价指数；3 个二级指标，即本体工程单价指数、辅助设施工程单价指数、其他费用单价指数；5 个三级指标，即杆塔工程单价指数、架线工程单价指数、附件工程单价指数、基础工程单价指数、

第三章 输电工程动态造价新指标构建 ·85·

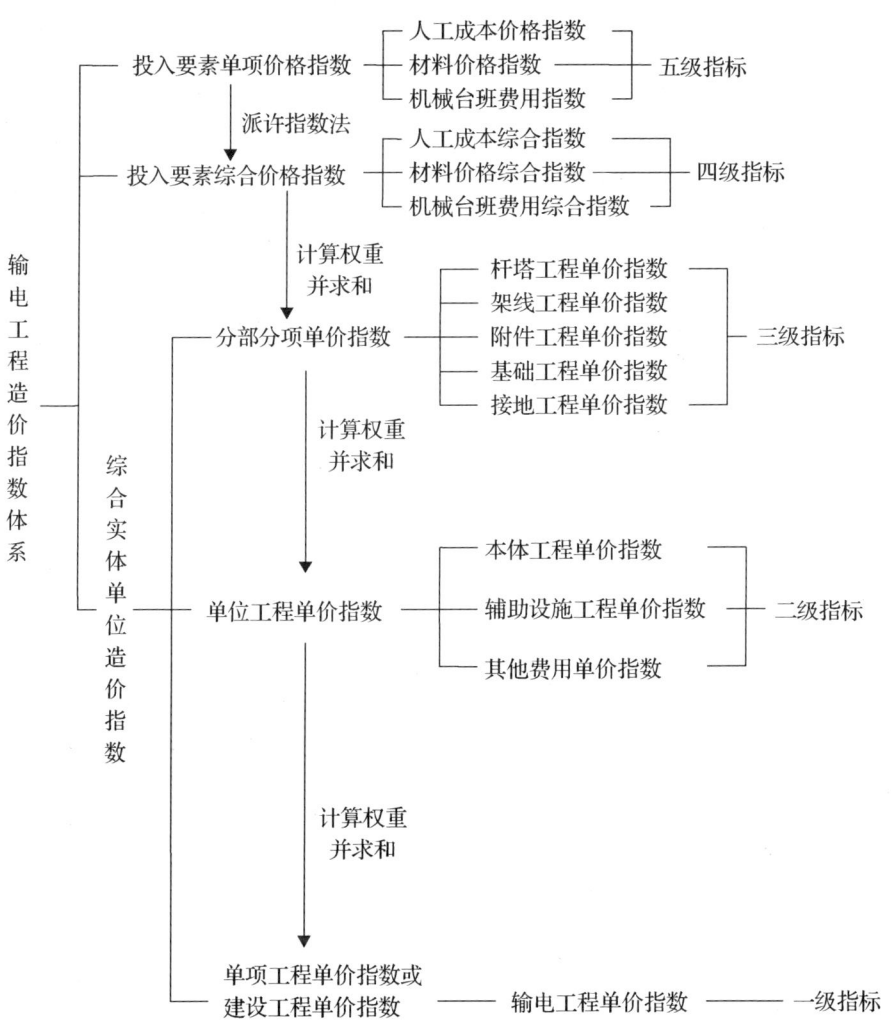

图 3-2 输电工程造价指数体系

以及接地工程单价指数；3 个四级指标，即人工成本综合指数、材料价格综合指数、机械台班费用综合指数；3 个五级指标，即人工成本价格指数、材料价格指数、机械台班费用指数。同理，对应输电工程造价指数体系，构建输电工程动态造价指标体系如图 3-3 所示，该体系中对应包括 1 个一级指标，即单位输电工程造价；3 个二级指标，即单位本体工程造价、单位辅助设施工程造价、单位其他费用；5 个三级指标，即单位杆塔工程造价、单位架线工程造价、单位附件工程造价、单位基础工程造价，以及单位接地工程造价；3 个四级指标，即单位人工综合成本、单位材料综合价格、单位机械台班综合费用；3 个五级指标，即单位人工成本价格、单位材料价格、单位机械台班费用。

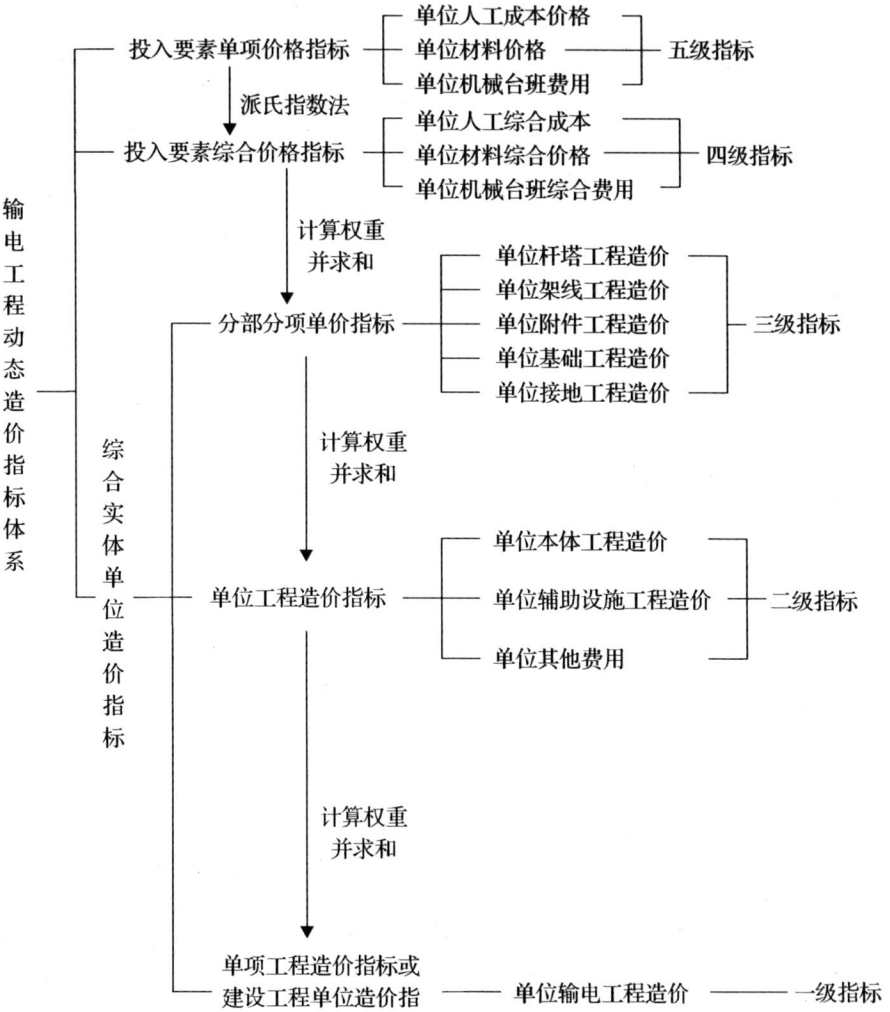

图 3-3　输电工程动态造价指标

第三章 输电工程动态造价新指标构建 ·87·

鉴于输电工程建设工艺较为复杂，本书构建输电工程造价指数用于相应输电工程建设各个阶段动态造价确定时，可以依据具体工程建设阶段需要来选择合适的指数作为该阶段传统动态造价指标的调整系数，对该阶段动态造价指标进行重新测算与构建。其中造价指数体系中的一级指标输电工程单价指数，可以为我国相关造价部门进行连续年份输电工程总体间造价及其趋势分析提供重要工具，又可以为我国输电工程的快速估价与项目投资决策提供重要参考。

四、输电工程动态造价新指标合理性分析

(一)以220kV输电工程为例构建造价指数

为了更好地体现本书所研究建立的动态造价指标体系，符合我国输电工程造价动态管理目标，本书从中电联造价信息网和相关电力工程造价咨询单位，收集到2010～2016年国家电网系统内S[①]省电网已竣工运行的输电工程数据样本35个，且均为相应年份内具有代表性的220kV输电工程造价数据。输电工程涉及的人工、材料、机械台班价格中，主要材料价格波动对输电工程总体动态造价的影响较大，所以此处重点以输电工程主要耗材的价格为例，构建并计算输电工程单价指数，构成输电工程的分部分项工程主要包括杆塔工程、架线工程、附件工程、基础工程及接地工程(参见图3-2)。

1. 投入要素单项价格指数

首先，统计每年输电工程中基础钢材平均价格，并以2010年为基期(注：基数指数取100)，其后各年为报告期。其次，采用式(3.9)测算出基础钢材价格指数，具体测算结果如表3-4所示。同理，采用该指数模型构建并计算出投入基础工程中其他主要耗材价格指数，这里不再赘述。

---

① S代表国家电网系统中某一特定省网系统名称(信息安全要求)。

·88· 输电工程造价指标及其值预测研究

表 3-4　输电基础钢材价格指数

参数	年份						
	2010	2011	2012	2013	2014	2015	2016
均价/(元/吨)	2500	2735	3300	3000	4500	3400	2800
单项价格指数	100	109	132	120	180	136	112

2. 投入要素综合价格指数

以上述工程数据为样本，首先统计每年 220kV 输电工程中投入基础工程的各主要耗材的平均价格，并以 2010 年为基期(注：基期指数取 100)，其后各年为报告期。然后，采用式(3.10)构建并测算出基础工程投入主要耗材的价格综合指数。其中，同度量因素为报告期耗材数量，具体来源数据及测算结果如表 3-5 所示。同理，采用该指数模型可计算出其他投入基础工程的生产要素，例如人工成本综合指数、机械台班费用综合指数，这里不再赘述。

表 3-5　输电基础工程投入主材综合价格指数

材料	年份						
	2010	2011	2012	2013	2014	2015	2016
插入角钢/(元/吨)	5971	5971	6926	6926	6800	6800	6926
地脚螺栓/(元/吨)	5906	5556	7000	6500	7500	7500	6500
基础钢材/(元/吨)	2500	2735	3300	3000	4500	3400	2800
普通水泥/(元/吨)	274	330	370	340	400	360	320
砂子/(元/m³)	49	83	120	118	120	125	110
碎石/(元/m³)	49	68	110	90	95	105	80
插入角钢/吨	97	17	83	28	18	5	16
地脚螺栓/吨	402	8	71	10	31	7	18
基础钢材/吨	1435	110	1492	162	341	81	194
普通水泥/吨	12374	629	7552	974	2319	522	1443
砂子/m³	12503	872	7522	1128	2569	557	1582
碎石/m³	25672	1585	14961	2244	5007	1126	3168
主材综合价格指数	100	117	145	133	168	148	126

3. 综合实体单位造价指数

1) 分部分项工程单价指数

分部分项工程单价指数可以作为设计限额指标,是指导类似工程前期建设投资估算的重要参考依据。它作为投入要素价格指数和综合实体单位造价指数之间的连接指数,是编制其他综合实体单位造价指数的重要数据。以 220kV 输电工程中基础工程为例,采用式(3.11)构建并测算分部分项工程单价指数,其计算式中各因子指数的权重,按照相关各年度所对应的人工成本、材料价格及机械台班费用三项主要投入要素总价占基础工程造价的比值计算为准,计算结果如表 3-6 所示。其他分部分项工程单价指数及其他各级综合实体工程单位造价指数计算与之相同或类似,此处不再赘述。

表 3-6 输电基础工程单价指数和占比

指数名称	年份						
	2010	2011	2012	2013	2014	2015	2016
人工综合价格指数	100	34	107	39	31	53	45
主材综合价格指数	100	117	145	133	168	148	126
机械台班综合价格指数	100	36	268	99	68	61	128
基础工程单价指数	100	68	153	100	104	107	99
人工费占比/%	53	53	28	29	35	34	32
主材费占比/%	36	40	57	55	49	57	48
机械台班费占比/%	11	8	15	16	16	8	19

2) 单位工程单价指数

本体工程费用作为输电工程建设成本的重要组成部分,其造价能占到输电工程总造价 80%左右,是控制输电工程造价的主要部分,本章以单位工程中本体工程为例,仍以 2010 年数据为基期数据(注:基期指数取 100),采用式(3.11)构建并计算该单位工程单价指数。以各年度分部分项工程费用占本体工程造价的比例为权重,计算本体工程单价指数。以前文所述工程数据为样本,测算结果如表 3-7 所示。

表 3-7　输电本体工程单价指数和费用比

参数	年份						
	2010	2011	2012	2013	2014	2015	2016
杆塔工程单价指数	100	109	101	117	122	121	108
架线工程单价指数	100	150	92	140	150	146	123
附件工程单价指数	100	121	100	113	127	101	102
基础工程单价指数	100	68	153	100	104	107	99
接地工程单价指数	100	54	35	41	39	24	35
本体工程单价指数	100	105	111	114	119	121	108
杆塔工程费用占比/%	44	45	32	38	35	30	33
架线工程费用占比/%	22	18	30	21	17	27	26
附件工程费用占比/%	13	9	11	7	11	15	14
基础工程费用占比/%	18	25	26	31	35	28	26
接地工程费用占比/%	2	2	1	3	1	1	1

3) 单项工程造价指数

单项工程是指具有独立的设计文件，作为独立工程在竣工后具备独立生产能力并可以发挥效益的工程，它可由多个单位工程组成。因此，单项工程造价可由其所包括的多个单位工程造价构成，单项工程单价指数可由多个单位工程单价指数加权构建并计算后获得（参见式 3.11）。例如：输电工程单位造价指数主要由本体工程单价指数、辅助工程单价指数、其他费用(包括建设场地征用及清理费、编制年价差、建设期贷款利息等)单价指数加权后计算得到。此处为便于下文指数计算，在不影响本书研究结果准确性的前提下，将其他费用作为单位工程造价处理。单项工程单价指数计算模型中，各因子指数的权重以相应年度单位工程造价占输电工程造价的比例来确定。这里同样以 2010 年 220kV 输电工程造价数据为基期数据（注：

第三章 输电工程动态造价新指标构建

基期指数取 100)。同理,以前文中选取的工程造价数据为样本,具体计算结果如表 3-8 所示。

表 3-8 输电工程造价指数和占比

名称	年份						
	2010	2011	2012	2013	2014	2015	2016
本体工程单价指数	100	105	111	114	119	121	108
辅助设施工程单价指数	100	91	89	117	101	86	83
其他费用单价指数	100	119	123	132	118	95	103
本体工程费占比/%	81	62	85	73	69	82	81
辅助设施工程费占比/%	4	13	5	7	10	11	10
其他费用占比/%	15	25	10	20	21	7	9
输电工程造价指数	100	107	111	118	117	115	105

(二)输电工程总体平均动态造价趋势分析

由于输电工程的总体平均造价随着 GDP 变化而受到间接影响,这一影响是由 GDP 的变化对工程中所涉及的人工成本、材料价格,以及机械台班费用等直接影响转换而来的。为了更好地通过本书所构建的输电工程动态造价指标对连续年度间或长期内输电工程总体平均造价进行管控及其趋势分析,本书搜集中国统计年鉴中有关 GDP 数据资料,并计算获得我国 S 省 2010~2016 年的 GDP 平减指数,具体结果如表 3-9 所示。这里将经计算所得的输电工程造价指数与 GDP 平减指数进行对比分析如图 3-4 所示。不难发现,近年来 S 省输电工程造价指数(即输电工程单价指数)变化趋势与该省的 GDP 平减指数变动趋势明显趋同,且两者的变化幅度也较接近,这体现了两者之间较好的相关性,这一点与实际经济规律一致。同时从保障区域经济发展角度,也说明该省份电网建设总体态势良好。另外,从图 3-4 可以发现,输电工程造价指数高于 GDP 平减指数,这也恰恰说明全社会的平均价格水平增幅低于输电工程造价的变化，即社会平均通胀水平慢于输电工程造价通胀水平，进而验证了电力工业在国民经济中的重要地位，符合经济发展电力先行的规律。因此，说明通过本书所构建的输电工程造价指数的科学性，同时验证了基于本书所生成的指数构建测算所得的相应输电工程动态造价指标的合理性。

表 3-9　输电指数变化趋势对比

指数名称	年份						
	2010	2011	2012	2013	2014	2015	2016
输电工程造价指数	100	107	111	118	117	115	105
GDP 平减指数	100	108	111	113	114	107	99

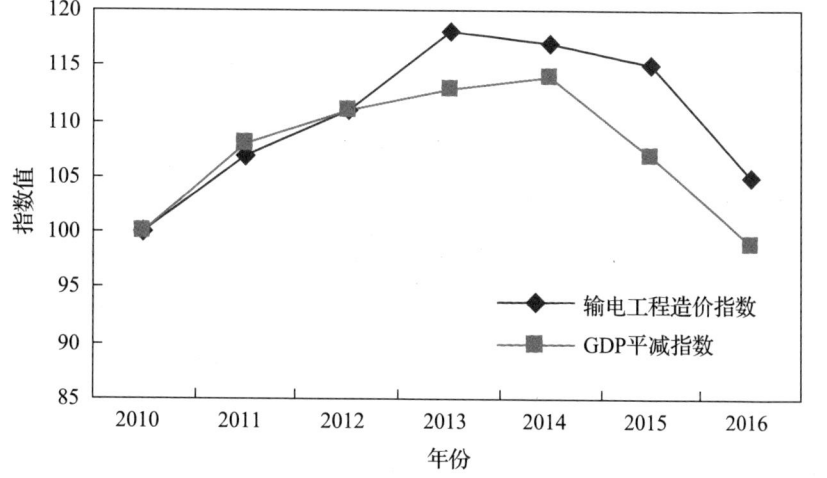

图 3-4　输电指数趋势对比

其次，采用前文所编制的输电工程单价指数系列，乘以基期（2010 年）输电工程单位造价（单位动态投资=231 万元/km），还原其他各年度 220kV 输电工程单位造价，并与对应年实际输电工程单位长度动态造价指标进行对比如表 3-10 所示。通过分析发现，采用本节所建立造价指数对输电工程单位长度动态造价指标进行测算，测算结果与实际造价的偏差程度较小。另外，通过指数测算并还原各年度内的输电工程总体平均动态造价，造价人员可以更好地利用这一动态造价新指标来比较各年度输电工程动态造价整体水平差异，以及利用此动态造价将待建设输电工程个体动态造价有效控制在一定合理范围内。

表 3-10　输电工程动态造价指标测算对照

参数	年份						
	2010	2011	2012	2013	2014	2015	2016
实际单位均价/(万元/km)	231.00	257.21	262.90	267.43	260.13	269.55	240.47
测算单位造价/(万元/km)	231.00	247.17	256.41	272.58	270.27	265.65	242.55
测算绝对误差	0	−10.04	−6.49	5.15	10.14	−3.90	2.08
相对误差/%	0.00	−3.09	−2.45	1.90	3.39	−1.44	0.90

第四章　输电工程造价指标值预测模型研究

第一节　输电工程造价指标值预测必要性及指标联合控制造价建议

一、输电工程造价指标值预测必要性分析

通过对待建设输电工程前期估算造价进行合理确定，可以有效控制工程建设后期概预算造价，从而将工程竣工验收阶段最终决算造价控制在合理范围内，以避免或减少投资浪费，提高电网公司建设项目投资效率。以往在输电工程造价指标值预测方面，通常利用多年来所积累的各种工程造价数据信息，结合造价人员的实际经验，采用一些单一的数学方法或单一模型进行计算处理，最后对于工程造价做出尽可能地预测。

随着我国输电工程建设规模不断扩大，技术复杂化、环境多样性等因素不断增加，采用输电工程单位长度造价指标值作为待工程建设前期估算对象会为最终估算结果埋下偏差隐患。另外，过去所采用的造价预测模型多为单一预测模型，虽然每一种预测模型都有其优势的一面，但也存在各自固有缺陷，每种预测模型对仿真数据都有不同的要求，即针对不同数据样本应选择适宜的预测方法或模型(于志恒，2016)。否则，将会导致预测结果出现较大误差，从而进一步加大了估算造价偏差的程度，再由该估算造价对工程后续所形成造价进行控制，自然会造成输电工程建设后期设计概算、施工图预算、竣工结算及决算等造价发生一系列偏差，最终导致"概算超估算、预算超概算、决算超预算"三超现象的发生，造成电网公司输电工程项目建设投资浪费，投资效率低下的不良后果。为了有效控制输电工程造价，需要合理确定工程建设前期估算造

价，通过对相应造价指标值进行预测获得较为准确的投资估算，在利用估算控制后期概预算等，最终将输电工程造价控制在合理范围内，避免或减少输电工程投资浪费现象，实现电网公司输电工程造价精益化管理目标。

本书第三章和第四章针对输电工程静态造价指标失真，动态造价指标失效问题分别开展了构建相应输电工程造价新指标研究，并证明了本书所构建造价新指标科学性、客观性。但是，对本书所构建的输电工程造价指标值进行精确预测时，还需要在现有输电工程造价预测研究成果基础上对输电工程造价预测模型进行系统、深入地研究(耿鹏云等，2018)。本章采用组合预测理论并对比分析国内外工程造价预测领域主要预测方法与预测模型，结合我国输电工程静态造价数据与动态造价数据各自特点，选择更加适宜的优化方法组合预测模型或模型组合预测模型，分别对静态造价指标值和动态造价指标值进行预测。组合后的预测模型能够在吸纳单一方法或单一模型的优势同时取长补短，有效解决单一模型自身固有缺陷，达到提高输电工程造价指标值预测精度的目标。最后，通过组合预测模型对本章所构建的输电工程造价指标值进行预测仿真，进一步证明本章所构建的输电工程造价指标的合理性，并结合相应预测组合模型充分发挥输电工程造价新指标在工程造价前期合理确定与造价后期有效控制等方面的作用。

二、输电工程静态造价指标与动态造价指标联合造价控制路线

目前本书研究暂时无法获取未来一段时间待建设输电工程造价相关数据，所以，没有将本书预测所获得的估算造价应用于未来年度实际待建设输电工程前期的造价确定及后期控制中。因此，这里仅提出对输电工程静态造价指标与动态造价指标联合造价控制方面的应用建议，具体如下。

第一步，首先，搜集目标年度(如2019年)内待建设工程静态造价相关数据，采用灰色关联分析法(GRA)提取单位长度容量静态造价主要影响因素，并将这些因素变量输入到已经构建并调试好的

PSO-SVR 模型中，对待建设工程单位长度容量静态造价进行预测，获得输入变量，即待建设工程单位长度容量静态造价。其次，以此静态造价作为待建设工程静态估算，并将估算造价作为工程建设前期投资决策阶段造价方案的比选基准指标。目前国家对于工程投资决策阶段估算误差标准要求为±10%，采用本书所构建的静态造价指标并通过 GRA-PSO-SVR 预测组合模型进行指标值预测，预测结果误差可降至±5%。因此，如果该造价方案的静态造价超过此估算造价的±5%范围，则该造价方案被自动放弃，这也进一步提高了我国输电工程造价控制水平。另外，对于未超过静态造价合理范围而保留下来的造价方案进入下一步动态造价比选。

第二步，首先提取未来目标年度(如 2019 年)之前的5～10 年间输电工程单价指数，将此连续年度造价指数输入进 GM(1,1)进行预测仿真，仍采用该 GM(1,1)模型对目标年度造价指数继续仿真预测并保留好预测值。其次，将 GM(1,1)模型针对连续年度造价仿真结果作为 BP 神经网络输入变量，而将连续年度造价指数实际值作为网络期望输出值，对人工神经网络 BP 模型进一步调试(俞集辉，2009)，将目标年度造价指数仿真结果作为 BP 网络输入变量，运行该 BP 模型修正目标年度造价指数预测结果。最后，利用目标年度输电工程单价指数测算出目标年度动态造价指标值，而该指标值实质是目标年度输电工程总体平均动态造价水平预估值。电网公司参照此预估值划定目标年度待建设工程动态造价合理范围，即未来目标年度输电工程总体平均动态造价±5%，这一误差范围较目前国家对于工程投资决策阶段估算误差为±10%的范围缩小一半，从而进一步加强了电网公司对输电工程动态造价的控制力度。

第三步，将通过第一步静态造价指标比选的待建设投资决策阶段造价方案进行动态造价比选，若造价方案中动态造价超出第二步所划定的目标年度待建设输电工程动态造价合理范围，则该造价方案被淘汰。最终，将通过两轮比选所保留下来的待建输电工程造价方案再从工程建设技术性及可操作性等方面统分析与比较，获得待建设工程最优造价方案。因此，本章开展输电工程造价指标构建及指标值预测研究所构建的造价指标及指标值预测模型，侧重于对输电工程建设前期投资决策阶段的估算造价合理确定与有效控制方面，避免或减少由于输电工程"概算超估算、预测超概算、决算超预算"而导致的投资浪费现象。

第二节　输电工程静态造价指标值预测模型构建及应用仿真

预测模型作为造价指标得以充分应用的必要工具，现阶段随着国内外学者对智能算法的深入研究，在非时间序列工程静态造价数据预测模型研究方面，出现了以 BP 为代表的神经网络、支持向量回归机(SVR)及遗传算法优化下的支持向量回归机(GA-SVR)等预测模型(Feng et al.，2008)，但每一种模型在实际工程造价预测中均有不足之处。BP 神经网络，由于要求大量的训练样本数据，从而导致网络模型训练时间较长，容易出现局部最优化等问题(刘玲和谢瑞芳，2016)。SVR 虽然能够较好地解决小样本、高维数、非线性及局部最优化等实际问题(韦俊涛，2009)，但针对输电工程预测的特殊性，单一利用支持向量回归机建模进行造价预测时，由于模型参数设置存在着盲目性，从而导致预测误差较大。经过遗传算法优化后的支持向量机(GA-SVR)模型，虽然可以在一定程度上对 SVR 的参数进行优化，但存在遗传算法自身的交叉率、变异率等复杂参数设置困难的问题(王佼和刘艳春，2016b)。

本书结合输电工程静态造价数据的非时间序列特点，提出一种基于灰关联分析(GRA)的 PSO-SVR 方法优化组合的预测模型，更适宜待建设输电工程静态造价指标值的预测仿真分析。通过前面章节对输电工程造价主要影响因素的特征提取，结合小样本学习原理，构建待建设输电工程静态造价指标值预测模型，将预测所得静态造价指标值作为待建设输电工程静态造价前期投资估算，用于工程建设后期所形成的静态造价控制方面。换言之，通过静态造价指标值精确预测，可以使投资方能够准确估算待建工程的静态造价，同时在工程建设投资决策阶段，为投资方事前比较备选方案的静态造价水平提供重要参考依据；在工程初步设计阶段，可以辅助概算审查人员进行合理的、快速的造价审查；在建设项目招投标阶段，可以帮助投标单位在保证其预期收益的前提下，优化自身报价策略，并快速确定其竞标价格，从而最大限度提高其中标概率(彭光金，2010)，从而实现对输电工程全过程造价有效控制的目标。因此，本章节开展的智能学习改进算法的方法优化组合的预测模型的研究，对于静态造价指标充分应用有重要的理论与实践意义。

一、静态造价指标值预测仿真相关优化方法

依据静态造价数据非时间序列特点，以及静态造价指标构建基础是造价影响因素，本书在构建静态造价指标值预测仿真模型时，采用灰色关联分析方法作为预测模型优化方法之一，通过提取单位长度容量静态造价的主要影响因素特征，并将提取的主要影响因素作为输入变量，将其输入到由粒子群优化后的支持向量回归机预测模型(PSO-SVR)中。因为粒子群优化方法对单一预测模型 SVR 进行了优化，大大提高了 SVR 预测模型的对静态造价指标值预测仿真效率(Cheng，2009)。通过构建的 GRA-PSO-SVR 方法组合优化的预测模型对输电工程静态造价指标值进行预测仿真，其预测结果精度大幅度提升，说明该组合预测模型能够充分发挥静态造价新指标在输电工程造价合理确定与有效控制方面的作用。具体优化方法原理与实施步骤如下。

(一)灰关联分析法(GRA)

灰关联分析的概念是由灰色系统理论所提出的，通过灰关联分析可以判定各子系统间密切联系的程度，从而某个系统发展变化态势可由灰关联分析法提供量化的标准(刘思峰，2017)。其基本分析步骤如下。

第四章 输电工程造价指标值预测模型研究

1. 确定比较矩阵

设参考数列（又称系统特征序列）为 $X_0' = \left\{ X_0'(k) \middle| k = 1, 2, \cdots, n \right\}$；

比较数列（又称相关因素序列）为 $X_i' = \left\{ X_i'(k) \middle| k = 1, 2, \cdots, n \right\}$，其中，

$i = 1, 2, \cdots, m$。

2. 无量纲化数据处理

通常情况下，系统中各因素所表达的含义不尽相同，致使指标单位不一致（张妍等，2017），从而，导致样本数据的量纲差异较大，难以通过数据比较获取较为准确、科学的结论。因此，只有先将样本数据无量纲化处理，方可进行灰关联分析。本书采用式（4.1）进行无量纲化数据处理。

$$X_i(k) = \frac{X_i'(k)}{X_i(1)} \tag{4.1}$$

式中，$i = 0, 1, 2, \cdots, m$；$k = 1, 2, \cdots, n$；i 代表行；k 代表列。

3. 确定灰关联系数 $\xi_{0i}(k)$

所谓灰关联系数，指对于参考数列 x_0，有若干个比较数 $x_1, x_2, \cdots, x_m$，每一个比较数列与参考数列，在各个因素指标点上都有关联程度值即 ξ_{0i}，由式（4.2）算出：

$$\xi_{0i}(k) = \left\{ \min_i \min_k \left| x_0(k) - x_i(k) \right| + \rho \max_i \max_k \left| x_0(k) - x_i(k) \right| \right\} /$$
$$\left\{ \left| x_0(k) - x_i(k) \right| + \rho \max_i \max_k \left| x_0(k) - x_i(k) \right| \right\} \tag{4.2}$$

式中，ρ 为分辨系数，一般在 0~1 之间，通常取 0.5；$i=1,2,\cdots,m$；$k=1,2,\cdots,n$（王佼和刘艳春，2016b）。

4. 计算关联度

参考数列与比较数列在各个因素指标点上的关联程度值通常称为关联系数。一般存在多个关联系数值，但是，过于分散的信息不利于各子系统间进行整体性比较。因此，有必要采用求平均值的方法，将各因素指标点上的关联系数集中到一个值，并用它来表示比较数列与参考数列之间的关联程度（魏道升和李淑燕，2013），即关

联度 r_{0i}，如式(4.3)所示：

$$r_{0i} = (1/n)\sum_{k=1}^{n}\xi_{0i}(k) \qquad (4.3)$$

式中，$i=1,2,\cdots,m$；$k=1,2,\cdots,n$。

5. 关联度优势排序

关联度 r_{0i} 越大越好，说明比较数列 x_i' 与参考数列 x_0' 变化趋势更接近，或者说该因素序列指标对特征序列指标影响更强。为精确筛选出主要影响因素指标，通常可根据研究需要设定一个阈值 r，如果 $r_{0i} > r$，则视为目标关联。若相反，则认为虚假关联。根据 3-5-8 因素相关原则，即相关系数 r：$r < 0.3$ 可认定因素间没有相关性；$0.3 \leq r < 0.5$ 可认定因素间有弱相关性；$0.5 \leq r < 0.8$ 可认定因素间有中度相关性或因素间相关性较好；$r > 0.8$ 可认定因素间有强相关性。为保证本书相关研究精确性，将 r 强相关阈值设定为 0.7 较为适宜（王佼和刘艳春，2016b）。

(二)支持向量回归机(SVR)

支持向量回归机是指用于做回归预测分析的支持向量机（support vector machine，SVM）（宋宗耘等，2017），其核心思想是利用一个非线性映射 Φ，将数据 x 映射到高维特征空间(Hilbert 空间)，将非线性函数回归问题转化到高维特征空间上的线性回归问题（汤俊等，2010），从而对于给定的观测数据集 $D = \left\{(x_i, y_i)\right\}_{i=1}^{n}$，可采用式(4.4)进行回归估计：

$$f(x) = \left\{\omega, \varphi(x)\right\} + b \qquad (4.4)$$

式中，ω 为权向量；b 为阈值，两者又称回归因子。通过最小化风险泛函获得式(4.5)：

$$\theta(\omega) = 1/2\left\|\omega\right\|^2 + C\sum_{i=1}^{n}L(f(x_i), y_i) \qquad (4.5)$$

式中，C 为惩罚系数；$L(\cdot)$ 为损失函数，一般取一次不敏感损失函数，计算如式(4.6)所示：

$$L_{\xi}(f(x_i), y_i) = \max\{|f(x) - y| - \xi\} \qquad (4.6)$$

最小化 $Q(\omega)$，可得

$$\omega = \overline{z}_{i=1}^{n}(\alpha_i - \alpha_i')\Phi(x_i) \qquad (4.7)$$

式中，α_i、α_i' 为最小化 $Q(\omega)$ 的对偶问题解。将 ω 代入式(4.4)得

$$f(x) = \sum_{i=1}^{n}(\alpha_i - \alpha_i')\{\phi(x_i), \phi(x)\} + b = \sum_{i=1}^{n}(\alpha_i - \alpha_i')K(x_i, x) \quad (4.8)$$

式中，$K(x_i, x) = \{\phi(x_i), \phi(x)\}$ 称为核函数，并满足 Mercer 条件，常用 RBF 核函数如式 4.9 所示：

$$K(x_i, x) = \exp\left\{-|x - x_i|^2 / 2\sigma^2\right\} \qquad (4.9)$$

式中，σ 为核函数的参数。

当 b 来自于边界上一点时，便可以依据 KKT 最优条件定理进行计算，但为了保证稳定性，通常取边界点上的平均值。

$$b = \text{average}\left\{\mu_k + y_k\sum_{i=1}^{n}(\alpha_i - \alpha_i')K(x_i, x)\right\} \qquad (4.10)$$

式中，μ_k 为预测误差。

综上所述，利用支持向量回归机估算时，核函数的类型选取、核函数的参数 σ 及惩罚系数 C 的设定都很重要，因为输入空间到特征空间映射的形式由所选取的核函数决定。同时，训练误差与模型复杂程度间的平衡关系，由所设定的惩罚系数 C 控制，有必要调整这些重要参数，以求达到获取模型最佳推广能力的目标。

(三) 粒子群优化算法 (PSO)

假设在一个 N 维空间进行搜索，可用两个 N 维向量表示粒子 i 的信息，即 $x_i = (x_{i1}, x_{i2}, \cdots, x_{iN})^{\text{T}}$ 和 $v_i = (v_{i1}, v_{i2}, \cdots, v_{iN})^{\text{T}}$ 分别代表粒子 i 的

位置与速度。当粒子 i 找到两个最优解后，再依据式(4.4)来更新自己的位置和速度，如式(4.11)和式(4.12)所示：

$$v_{id}^{k+1} = \omega v_{id}^k + C_1 \times \text{rand}_1^k \times (\text{Pbest}_{id}^k - x_{id}^k) + C_2 \times \text{rand}_2^k \times (\text{Gbest}_{id}^k - x_{id}^k)$$

$$(4.11)$$

式中，v_{id}^k 为粒子 i 在第 k 次迭代中第 d 维的速度；x_{id}^k 为粒子 i 在第 k 次迭代中第 d 维的当前位置。$i=1,2,3,\cdots,N$ 表示种群大小；ω 为惯性权值；C_1 和 C_2 为学习因子(又称控制加速系数)，合适的 C_1 和 C_2 既可加快收敛，又不易陷入局部最优，通常在[0,2]取值。rand_1^k 和 rand_2^k 为介于[0,1]之间的随机数。Pbest_{id}^k 为粒子 i 在第 d 维的个体极值点的位置；Gbest_{id}^k 为整个种群在第 d 维的全局极值点的位置。

$$x_{id}^{k+1} = x_{id}^k + v_{id}^{k+1} \tag{4.12}$$

最大速度 $v_{\max}$ 决定了问题空间搜索的力度，粒子的每一维速度 v_{id} 都会被限制在 $[-v_{d\max}, +v_{d\max}]$ 之间，假设搜索空间的第 d 维定义为区间 $[-x_{d\max}, +x_{d\max}]$，则通常 $v_{d\max}=\delta x_{d\max}$，其中 $0.1 \leq \delta \leq 1$，每一维都用相同的设置方法。

通过式(4.11)和式(4.12)计算粒子自身最优位置和群体最优位置，可将其表示为式(4.13)和式(4.14)：

$$\text{Pbest}_{id}^{k+1} = \left\{ x_{id}^{k+1} f(x_{id}^{k+1}) \langle f(\text{Pbest}_{id}^k) \leq \text{Pbest}_{id}^{k+1} \right\} \tag{4.13}$$

$$f(\text{Gbest}_{id}^k) = \min \left\{ f(\text{Pbest}_{id}^k) \right\}, i = 1, 2, \cdots, N \tag{4.14}$$

二、基于 GRA-PSO-SVR 方法组合的静态造价指标值预测模型构建

基于 GRA 分析的 PSO-SVR 方法组合预测模型构建基本思路是：首先，利用灰关联分析法(GRA)针对输电工程造价非时间序列样本进行数据挖掘(Shahandashti and Ashuri, 2013)，将造价影响因素做定量化分析，从而避免定性分析所导致的预测结果主观性过强、准确性不够等问题。其次，采用基于粒子群改进的支持向量回归机(PSO-SVR)混合算法，该算法既能优化 SVR 参数，提升模型预测精

第四章 输电工程造价指标值预测模型研究

确度，又能避免遗传算法（GA）优化中复杂参数设置的问题。最终，构建出 GRA-PSO-SVR 方法优化组合预测模型。

基于 GRA 分析的 PSO-SVR 方法组合预测模型的构建具体分为两个阶段。

第一个阶段构建 GRA 分析模型，并运用该模型对输电工程造价的诸多影响因素进行分析与筛选。然后，经过 GRA 分析后提取静态造价的主要影响因素，并将主要影响因素作为第二阶段 PSO-SVR 智能预测模型的输入变量，同时将静态造价指标—单位长度容量造价，作为第二阶段智能预测模型的输出变量。

第二阶段构建 PSO 优化的 SVR 智能预测模型。PSO-SVR 混合算法依据粒子群群体寻优的思想，加速支持向量回归机寻找最优参数值，具体步骤如下所示。

第 1 步：创建初始样本训练集。

若共有 n 个工程样本，$D_i\{(x_i,y_i),i=1,2,\cdots,n\}$。选取粒子群的初始种群规模 N，并设定控制加速系数 C_1 和 C_2，在合理范围下生成粒子的初始位置与速度。然后，利用 PSO 算法对 SVR 的重要参数 C 与 σ 进行优选。

第 2 步：训练 SVR。

通过样本训练集训练 SVR，计算出各个粒子的适应度函数值，将每个粒子所经历过的最佳位置 Pbest_{id}^k 与该适应度函数值比较，如果 Pbest_{id}^k 劣于该适应度函数值，则可将此适应度函数值作为新的适应度函数值。为保证适应度函数的稳定性，采用平均相对误差作为适应度函数的值，具体参见式(4.15)。

$$f(\mathrm{Gbest}_{id}^k) = (1/N)\sum_{i=1}^{N}\left|(y_i-y_i')/y_i\right| \tag{4.15}$$

式中，N 表示样本训练集中样本点数目；y_i 和 y_i' 分别为第 i 个样本的实际值与预测值。

第 3 步：适应度函数值的比较。

将每一个粒子的适应度函数值与所有群粒子的适应度函数值相

比较，如果群粒子的适应度函数值大于每一个粒子的适应函数，则全局最优位置 Gbest$_{id}^k$ 将被当前粒子的最优位置 Pbest$_{id}^k$ 所取代。同时根据式(4.11)和式(4.12)分别对粒子的位置与速度进行调整。

第 4 步：判断是否终止计算。

如果满足终止条件，则结束寻优搜索，同时输出 SVR 的最优参数；若是不满足条件，则需要重复步骤 2。

第 5 步：最优参数代入模型。

将经过 PSO 训练获得的最优 C 和 σ 代入 SVR 模型中，重新进行样本训练学习，以获得较为理想的 GRA-PSO-SVR 方法组合的预测模型。最终采用该方法优化组合的预测模型对待建设工程静态造价指标值进行精确预测。

三、基于 GRA-PSO-SVR 组合模型的输电工程静态造价指标值预测仿真

通过与输电工程单位长度静态造价指标进行实际工程样本造价数据检验与合理性分析，验证本书所构建的两个静态造价新指标较静态造价传统指标更能面客观、准确地反映输电工程造价实际水平，更适宜电网公司对输电工程静态造价有效控制。在实际工程静态造价合理确定与有效控制方面输电工程单位长度容量静态造价指标比单位综合可比静态造价指标更易操作与推广。因此，本书将其确定为输电工程基础静态造价指标，而其他两个静态造价指标为辅助指标。所以本章将以输电工程静态造价基础指标单位长度容量静态造价为预测仿真对象，开展输电工程静态造价指标值预测研究。本书所构建的 GRA-PSO-SVR 方法组合优化的模型对单位长度容量静态造价进行预测仿真，并通过仿真结果对比分析，进一步验证 GRA-PSO-SVR 模型更适宜我国输电工程静态造价指标值的预测。

(一)输电工程静态造价指标值预测仿真分析

根据本书第二章中有关输电工程静态造价主要影响因素识别与筛选的研究结果，获得对输电工程静态造价影响较大因素，包括线

路长度、输送容量、导线截面、回路数、导线分裂根数、线材量、风速、覆冰、地形、塔材量、耐张塔比例、杆塔基数。本书目前所搜集样本多为 1 回路和 2 回路两种，回路数差异不大，剔除回路数因素对造价的影响，并且所采用的样本导线分裂数多集中为 2 分裂，导致差异性过小，对于静态造价影响分析不大，也剔除导线分裂数因素。另外，本书主要针对 220kV 输电工程单位线路长度容量静态造价进行预测仿真，所以这里剔除线路长度因素和容量因素对单位工程造价指标的影响，仅保留线材量 $X1(t)$、塔材量 $X2(t)$、导线截面 $X3(m^2)$、地形 $X4$、风速 $X5(m/s)$、覆冰 $X6(mm)$、杆塔基数 $X7$、耐张塔比例 $X8(\%)8$ 个影响因素进行 GRA 分析。

为保证研究结论的一致性，此处预测仿真分析样本仍选取第三章因素分析所采用的 32 个 220kV 输电工程静态造价样本数据，采用灰色关联法对此 32 个 220kV 输电工程静态造价样本数据进行单位长度容量静态造价的关键影响因素的分析。为便于后文仿真分析，又不影响仿真结果准确性，借鉴本书第二章的研究结果，将地形因素对造价的影响通过地形综合系数$(X4)$反映出来。具体地形综合系数值参照第二章表 2-14 所示。最后，运用 GRA-PSO-SVR 优化方法组合的预测模型对 220kV 输电工程静态造价指标值单位长度容量造价进行预测仿真分析。

(二)基于 GRA 分析法提取输电静态造价关键影响因素

本书选取电网系统内已竣工投产的 32 个 220kV 输电线路工程为样本，原始工程数据参照表 4-1 所示，不难发现，灰关联分析中的参考数列变量、比较数列变量在量纲上不一致，导致其数值变化差异较大，不适宜直接进行灰关联分析，否则会严重影响关键因素提取结果。本书灰关联度分析中，所采用 GM 软件自带数据变量无量纲化处理功能，依据式(4.1)对样本数据变量进行无量纲化处理(王慧红和林洛阳，2014)。所以，此处可直接将表 4-1 中单位长度容量静态造价指标的原始数据和 8 个静态造价影响因素变量一起放入 GM 软件模块中进行灰色关联度分析，提取与工程单位静态造价单位长度容量静态造价指标变量 Y 的灰关联度值在 0.7 以上的 5 个静态造价影响因素变量 X，具体分析结果如表 4-2 所示。最后，将通过 GRA 分析法提取静态造价 5 个关键影响因素作为 PSO-SVR 建模系统的输入向量，分析过程及结果如表 4-3 和表 4-4 所示。

通过灰色关联分析所提取的 5 个静态造价关键影响因素结果：地形综合系数 $X4$、风速 $X5(m/s)$、耐张塔比例 $X8(\%)$、覆冰 $X6(mm)$、导线截面 $X3(m^2)$，与第二章中主要静态造价影响因素识别与筛选的结果基本吻合，从而证明本书研究分析方法得当，获得结论具有一致性。

表 4-1　输电原始工程样本数据

样本号	因素变量								
	$X1$	$X2$	$X3$	$X4$	$X5$	$X6$	$X7$	$X8$	Y
1	319.68	1270.53	400	1.05	25	15	105	28	9.48
2	421.00	1001.00	400	1.2	33	10	117	21	8.44
3	170.40	550.30	400	1.03	25	10	34	38	10.87
4	14.00	173.45	400	1	25	10	7	71	27.64
5	409.37	1496.60	400	1	25	10	85	22	12.35
6	355.70	1298.99	400	1	23.5	5	67	28	10.27
7	602.23	2123.72	400	1	23.5	15	114	20	10.70
8	888.21	3160.05	400	1	23.5	5	166	22	10.43
9	895.84	1823.06	400	1.1	25	10	169	14	9.95
10	207.00	112.07	185	1.02	27	10	12	17	4.40
11	455.31	1175.85	400	1	23.5	15	78	19	10.64
12	192.61	777.15	400	1.01	29	10	62	19	8.25
13	746.50	2115.56	400	1.01	29	10	91	51	21.58
14	240.00	646.00	300	1	25	10	87	14	7.55
15	317.00	782.95	630	1.02	33	10	69	12	6.68
16	106.85	670.83	400	1.01	33	10	68	12	5.95
17	864.00	2090.80	630	1.01	29	10	184	15	5.47
18	65.87	460.45	400	1.01	29	15	46	13	7.91

第四章　输电工程造价指标值预测模型研究 · 107 ·

续表

样本号	因素变量								
	$X1$	$X2$	$X3$	$X4$	$X5$	$X6$	$X7$	$X8$	Y
19	68.00	237.50	400	1	27	10	15	40	19.37
20	65.23	222.30	400	1	27	10	15	40	22.68
21	309.00	947.00	400	1	27	10	67	46	11.75
22	129.32	275.11	400	1	29	15	12	33	5.99
23	106.21	930.2	300	1.01	29	10	81	12	8.11
24	124.18	324.40	400	1.24	25	10	24	29	11.48
25	313.93	2746.7	185	1.01	29	10	200	12	15.47
26	551.03	1443.43	400	1.16	27	10	150	21	8.88
27	130.06	567.51	400	1.12	27	10	16	50	21.44
28	83.99	225.07	630	1.11	29	10	17	35	14.38
29	402.79	560.69	400	1.11	25	10	34	24	10.54
30	132.12	953.43	240	1.02	29	10	62	18	10.11
31	246.83	778.01	400	1	27	10	53	47	17.69
32	28.96	136.25	400	1	25	10	7	71	26.34

数据来源：中国电力企业联合会网络数据库；国家电网公司网络数据库。

表 4-2　输电因素变量灰关联分析

因素变量	地型综系数 $X4$	风速 $X5$	耐张塔比例 $X8$	覆冰 $X6$	导线截面 $X3$
关联度	0.773464	0.760339	0.758795	0.756224	0.756214

因素变量	杆塔基数 $X7$	线材量 $X1$	塔材量 $X2$
关联度	0.687085	0.644873	0.619903

注：关联度值由大到小排列。

用 MATLAB7.8 中加载 libsvm 工具箱做支持向量回归机。由于该工作箱的工作界面程序中,包含归一化函数 tramnmax 函数和反归一化函数 postmnmx 函数，所以该系统会自动将原始数据变量做归一化处理，然后将归一化数据导入系统运行。其次，将测算结果做反归一化处理，然后将最终结果导出系统。本书将经过灰关联分析后所提取的 5 个单位长度容量静态造价主要影响因素原始数据，直接录入 SVR 程序系统，通过表 4-3 可以看出，输入集共 5 个因素变量构成了 32×5 矩阵。将工程单位长度容量静态造价指标值作为输出向量，通过表 4-4 看出，输出单位长度容量静态造价 1 个指标变量构成 32×1 列向量。本书选取 27 个工程造价数据为学习样本，剩余 5 个工程静态造价数据为测试样本，利用 PSO 优化支持向量回归机的参数，将学习样本输入 PSO-SVR 预测网络，得到稳定的模型，再利用测试样本在稳定的网络模型中所得出的预测结果，与真实测试集输出结果进行比较，即可完成整个预测过程。

表 4-3　输电输入属性集

样本号	输入变量				
	$X3$	$X4$	$X5$	$X6$	$X8$
1	400	1.05	25	15	28
2	400	1.2	33	10	21
3	400	1.03	25	10	38
4	400	1	25	10	71
5	400	1	25	10	22
6	400	1	23.5	5	28
7	400	1	23.5	15	20
8	400	1	23.5	5	22
9	400	1.1	25	10	14
10	185	1.02	27	10	17
11	400	1	23.5	15	19
12	400	1.01	29	10	19
13	400	1.01	29	10	51
14	300	1	25	10	14
15	630	1.02	33	10	12
16	400	1.01	33	10	12

第四章 输电工程造价指标值预测模型研究

续表

样本号	输入变量				
	$X3$	$X4$	$X5$	$X6$	$X8$
17	630	1.01	29	10	15
18	400	1.01	29	15	13
19	400	1	27	10	40
20	400	1	27	10	40
21	400	1	27	10	46
22	400	1	29	15	33
23	300	1.01	29	10	12
24	400	1.24	25	10	29
25	185	1.01	29	10	12
26	400	1.16	27	10	21
27	400	1.12	27	10	50
28	630	1.11	29	10	35
29	400	1.11	25	10	24
30	240	1.02	29	10	18
31	400	1	27	10	47
32	400	1	25	10	71

表 4-4 输电输出属性集

样本号	输出变量
	Y
1	9.48
2	8.44
3	10.87
4	27.64
5	12.35
6	10.27
7	10.70
8	10.43

续表

样本号	输出变量 Y
9	9.95
10	4.40
11	10.64
12	8.25
13	21.58
14	7.55
15	6.68
16	5.95
17	5.47
18	7.91
19	19.37
20	22.68
21	11.75
22	5.99
23	8.11
24	11.48
25	15.47
26	8.88
27	21.44
28	14.38
29	10.54
30	10.11
31	17.69
32	26.34

（三）PSO 优化 SVR 参数

用粒子群算法对支持向量回归机的惩罚系数 C 及径向基核函数的参数 σ 进行寻优。首先，初始化粒子群的各项参数，设 PSO 规模是 20，解空间为二维分别对应 C 和 σ，控制加速系数 C_1 和 C_2 分别等于 1.5 和 1.7，参数 C 的变化范围是[0,50]；参数 σ 的取值区间为[0,1]，那么模型参数对应的 Scope 阵是[0,50;0,1]。为寻找适合的最大进化代数 T_{max} 和交叉验证折数 V。经过多次试验获得 T_{max} 适合值为 100，V 适合值为 5，此时计算 CVmse 最小为 0.030864，且训练集与测试集拟合效果较为理想，如图 4-1 和图 4-2 所示。

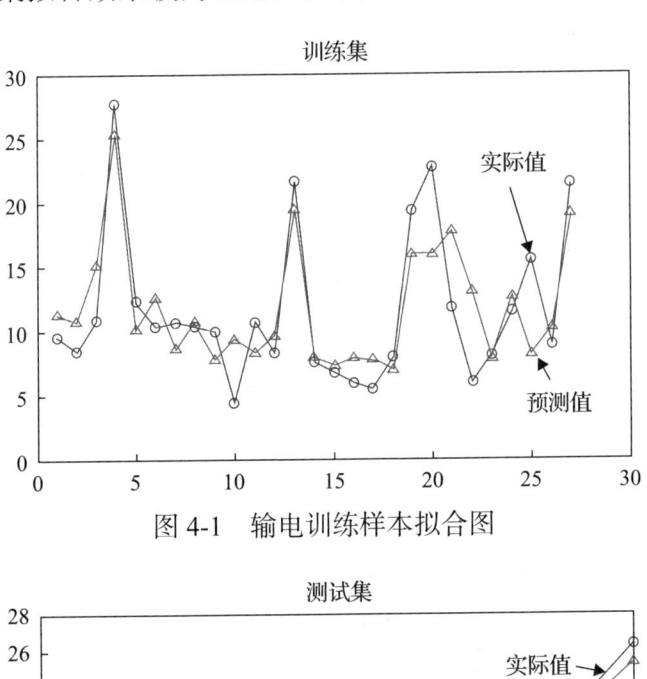

图 4-1 输电训练样本拟合图

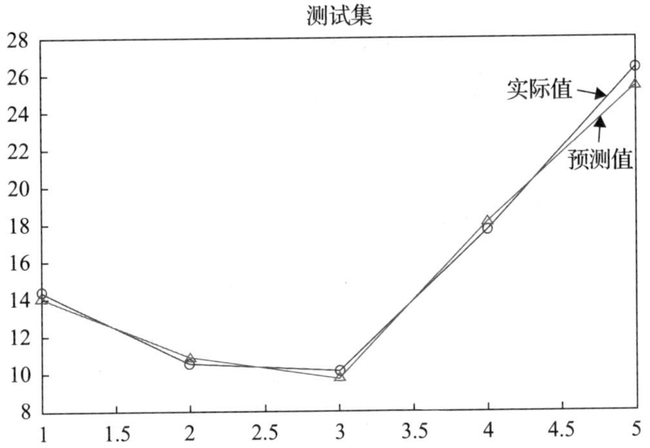

图 4-2 输电测试样本拟合图

最终，SVR 模型中的惩罚系数 C 和径向基核函数的参数 σ，经过 PSO 寻优后分别确定为 37.2229 和 0.015087。

(四) GRA-PSO-SVR 组合预测模型与单一预测模型的静态造价指标值仿真对比

为了进一步测试 GRA-PSO-SVR 模型对于输电工程静态造价指标值预测仿真效果，本节利用相同的样本数据，分两部分进行对比分析。首先，将 GRA-PSO-SVR 组合模型同目前电力工程造价普遍使用的两种单一智能模型：BP 神经网络模型、SVR 模型进行输电工程静态造价指标值预测仿真，将预测仿真结果对比分析。其次，将 GRA-PSO-SVR 组合模型再同分别利用遗传算法和粒子群参数优化的 SVM 模型进行输电工程静态造价指标值预测仿真(郭琦等，2016)，并将预测仿真结果对比分析。

(五) GRA-PSO-SVR 组合预测模型与 BP 神经网络模型、SVR 模型单一预测的静态造价指标值仿真对比

仿真结果见表 4-5 和图 4-3 所示。可以看出 GRA-PSO-SVR 优化方法组合的预测模型对单位长度容量静态造价预测仿真结果，与实际单位长度容量静态造价的相对误差绝对值均在 5%以内,且相对误差均小于单一 BP 模型和单一 SVR 模型的预测仿真结果，说明 GRA-PSO-SVR 方法组合优化的预测模型在对输电工程单位长度容量静态造价预测方面明显优于单一 BP 模型和单一 SVR 模型。这一点在三者预测仿真结果相对误差均值比较上也能体现出来，经测算 GRA-PSO-SVR 方法组合模型预测结果的平均绝对值相对误差均值为 3.11%,明显低于单一 BP 模型预测结果的平均绝对值相对误差均值 17.51%和单一 SVR 模型预测结果的平均绝对值相对误差均值 14.11%,再次印证了本书所构建 GRA-PSO-SVR 优化方法组合的预测模型能极大地提高了输电工程造价预测精度。另外，发现 BP 神经网络模型，由于要求大量的训练样本数据，从而导致网络模型训练时间较长，容易出现局部最优化等问题，而 SVR 模型能够较好地

第四章 输电工程造价指标值预测模型研究

解决小样本、高维数、非线性，以及局部最优化等实际问题。所以，分别采用单一 SVR 模型与单一 BP 模型对同一组非时间序列样本数据进行静态造价指标值预测仿真时，单一 SVR 模型仿真效果整体好于单一 BP 模型的仿真效果。但同时也发现单一利用 SVR 建模进行造价预测时，由于该模型参数设置存在着盲目性，从而导致预测仿真效果明显低于经过参数修正和模型系统特征提取的 GRA-PSO-SVR 组合模型的预测仿真效果。

表 4-5 组合模型与单一模型预测效果对比

测试工程编号		28	29	30	31	32
实际造价/[元/(km·kW)]		14.38	10.54	10.11	17.69	26.34
BP 预测	预测造价/[元/(km·kW)]	10.67	6.59	9.24	16.30	28.21
	相对误差/%	−25.80	−37.48	−8.61	−7.86	7.80
SVR 预测	预测造价/[元/(km·kW)]	10.73	12.31	10.85	16.58	22.44
	相对误差/%	−25.38	16.79	7.32	−6.27	−14.77
GRA-PSO-SVR 预测	预测造价/[元/(km·kW)]	14.03	10.88	9.71	18.06	25.33
	相对误差/%	−2.43	3.23	−3.96	2.10	−3.83

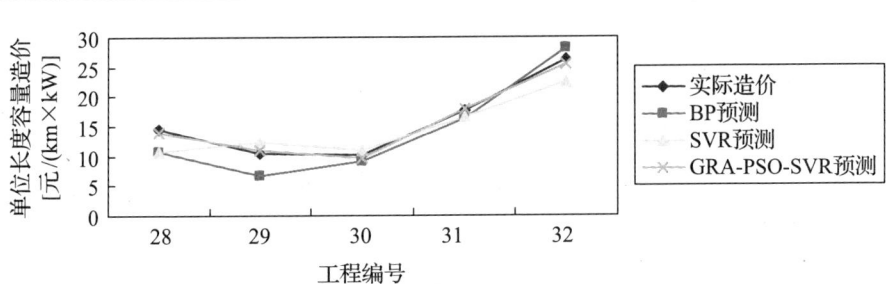

图 4-3 模型预测效果对比（一）

（六）GRA-PSO-SVR 组合模型与参数修正模型 SVM 的静态造价指标值仿真对比

同理，结合表 4-5 和表 4-6 预测仿真结果分析。首先，发现两个模型对同一组非时间序列数据样本单位长度容量造价预测仿真时，分别采用遗传算法和粒子群算法对支持向量回归机的参数进行优化，其优化后的模型无论是 GA-SVR，还是 PSO-SVR 在整体仿真效果都优于单一 SVR 模型仿真效果。其次，发现由于遗传算法(GA)自身的交叉率、变异率等复杂参数设置困难的问题(Sanaz and Omid, 2017)，使 GA-SVR 的仿真效果比 PSO-SVR 差些。最后，如表 4-6 和图 4-4 所示，不难发现由于采用灰色关联法将 PSO-SVR 模型系统特征进行提取后再进行预测仿真，其预测仿真结果与实际单位造价的相对误差绝对值均在 5% 以内，且误差均值为 3.11%，比 GA-SVR 模型的误差均值 13.33% 下降了近 77%，同时也较 PSO-SVR 模型的误差均值 8.39% 下降了近 62%，且整体预测仿真结果稳定。另外，GRA-PSO-SVR 组合模型预测均方差(CVmse)为 0.030864，分别低于 PSO-SVR 模型预测均方差(CVmse)0.033221 和 GA-SVR 模型预测均方差(CVmse)0.045661。进一步说明采用 GRA-PSO-SVR 优化方法组合的预测模型对输电工程静态造价指标值预测仿真效果更佳，可以进一步提高输电工程静态造价合理确定与有效控制水平，从而使电网公司对快速、高的获取输电工程建设投资估算提供重要工具(徐馄耀等，2011)，为实际待建设工程投资决策阶段方案比选提供更加准确的参考依据。

表 4-6   组合模型与参数修正模型预判效果对比

测试工程编号		28	29	30	31	32
实际造价/[元/(km·kW)]		14.38	10.54	10.11	17.69	26.34
GA-SVR 预测	预测造价/[元/(km·kW)]	12.00	12.05	11.85	16.68	22.95
	相对误差/%	−16.55	14.33	17.21	−5.71	−12.87
PSO-SVR 预测	预测造价/[元/(km·kW)]	12.58	9.43	9.30	18.32	24.41
	相对误差/%	−12.52	−10.53	−8.01	3.56	−7.33
GRA-PSO-SVR 预测	预测造价/[元/(km·kW)]	14.03	10.88	9.71	18.06	25.33
	相对误差/%	−2.43	3.23	−3.96	2.10	−3.83

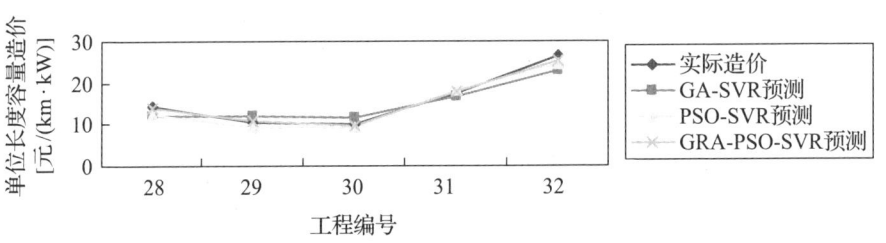

图 4-4　模型预测效果对比(二)

第三节　输电工程动态造价指标值间接预测模型构建及应用仿真

为更好地预测待建设工程动态造价及其未来变化趋势，使电网公司对输电工程动态造价合理确定与有效控制，就需要充分发挥造价指数在工程造价的价差调整方面的功能优势(吴学伟，2009)。工程造价指数实质是在一定时期内由于价格变化导致工程造价变化程度的一种反映指标，所以对造价指数的预测能够更客观地反映出未来输电工程建设市场的生产力发展水平与供求关系，为电网公司及政府造价部门制定未来造价政策提供重要参考，而这些是动态造价指标所不具备的。因此，通过对输电工程造价指数进行直接预测，再经过指数测算获得待建设工程动态造价指标，达到对输电动态造价指标值间接预测的效果，比直接对输电工程动态造价指标值进行直接预测更有意义。所以，输电工程动态造价指标值间接预测研究的实质是对输电工程造价指数开展预测仿真分析，通过对未来输电工程造价指数的精确预测，并利用所预测的指数测算获得未来年度输电工程总体平均动态造价指标值，再结合对应年度待建设工程静态造价指标值预测结果，使电网公司能够对输电工程造价进行合理确定与有效控制。

目前，在经济指数或价格指数趋势预测方面，常用的预测模型主要包括回归分析预测模型、移动平均预测模型、自回归滑动平均预测模型、灰色系统理论预测模型、马尔可夫预测模型及趋势外推模型等。本书结合输电工程动态造价数据的特点，充分考虑造价指数预测的实际需要，将进行相关预测模型的选择与组合，以期获得最佳的组合预测模型。

通常情况下，采用单一模型对时间序列数据进行预测时，经常出现趋势波动和趋势变动的二重特性。因此，相关学术领域研究的热点问题之一，便是对具有此二重特性的时间序列数据建立预测模型。本书通过对相关预测模型研究文献的梳理发现，灰色系统理论GM(1,1)预测模型虽然在处理波动性的时间序列，效果欠佳，但是在处理趋势性时间序列方面却有较理想的效果，而且预测时所要求的样本数据量较少。同时发现，在理论层面上，一个三层的神经网络可以逼近任何函数，尤其具有较好的映射能力与学习能力的 BP 神经网络模型(梁喜，2017)。BP 神经网络模型可以比较轻松地实现非线性映射过程，而且在处理波动性的时间序列数据时，通常 BP 神经网络模型都可以获得较理想的结果(龙会典，2013)，但是该模型在处理具有线性特征的时间序列数据时的效果通常不如 GM(1,1)模型。因此，本书对于可以优势互补的两个单一模型进行组合，将组合后的 GM(1,1)-BP 模型用于时间序列造价数据的预测，通过对输电工程造价指数的预测仿真分析获得了更加理想的结果，可以充分满足投资主体——电网公司的实际造价控制需要，利用预测获得的指数测算出相应待建设输电工程动态造价指标，对输电工程动态造价有效控制。另外，在我国当前市场经济条件下，电网公司通过本书所建立的时间序列预测模型，即GM(1,1)—BP模型组合预测模型，对输电造价指数及其变化趋势进行合理预测，进一步掌握输电工程造价波动值的变化范围，进而减少投资风险。

一、动态造价指标值相关间接预测模型

本节开展的输电工程造价指数预测仿真研究实质就是间接实现对本书所构建的动态造价新指标值的预测仿真(刘卫东等，2016)。依据输电工程动态造价数据时间序列样本特征，结合造价指数的设计基础，首先，采用更适宜时间序列小样本数据的灰色预测模型GM(1,1)模型造价指数预测仿真分析。其次，再将造价指数仿真结果

作为人工神经网络 BP 模型系统的输入量,而原始样本实际指数数据作为期望值,对 BP 神经网络进行训练,获得相应的阈值和权值(Wilmot,2005)。然后,采用调整好的 BP 神经网络对 GM(1,1)关于未来连续年度造价指数进一步修正,已解决灰色 GM(1,1)预测模型在处理波动性的时间序列效果欠佳的缺陷。本书所构建 GM(1,1)-BP 组合预测模型在输电工程造价指数预测仿真方面效果更佳,通过对造价指数的精确预测与造价指数测算获得输电工程动态造价指标值精度更高、稳定更强。下面具体介绍 GM(1,1)-BP 模型构建所涉及的相关原理与实施步骤。

(一)灰色系统理论 GM(1,1)模型

1. 灰色系统理论简介

我国著名学者邓聚龙教授于 1982 年提出灰色系统理论,进而创立了灰色系统。该系统具有"贫信息"属性,即系统中存在"部分未知信息和部分已知信息"(邓聚龙,2002)。所以,基于灰色理论构建的灰色系统预测模型在应用方面,多以"小样本"不确定性系统为研究对象,并通过"开发、生成、提取"已知部分信息的价值,来正确认识和有效控制系统运行行为。

通常情况下,灰色预测系统以白色系统、黑色系统及灰色系统三个系统为客观对象展开预测研究。其中,在白色系统中,系统内部特征是完全已知的,或者说系统具备完整充分的信息。在黑色系统中,对外界来讲,系统内部信息是完全未知的,只能通过观测外界与该系统所发生的联系予以研究。而在灰色系统中,系统内存的在是一部分已知信息和一部分未知信息,从而导致系统内各要素间的关系存在不确定性。因此,灰色系统预测就是对既含有不确定信息,又含有已知信息的灰色系统开展预测,或者说是指对与时间有关的且在移动范围内变化的灰色过程进行预测。

2. 灰色系统 GM(1,1)预测模型

灰色系统预测模型是以灰色系统理论为基础构建而成,可应用于系统要素间发展趋势的相异程度鉴别方面。例如,前文中介绍的灰色关联度分析。首先，需要生成并处理原始数据。然后，通过寻求系统变化的规律，生成具有较强规律性的数据序列。最后，将相应的灰色系统预测模型建立起来，从而预测具备灰色系统特性的经济、社会等现象的未来发展趋势。

因此，利用灰色系统预测模型可以将系统内部特征与发展趋势较好地描述出来。而且采用该模型预测时，不需要样本满足一定的统计分布，也不要求较大容量的样本数据。另外，其外推预报效果还优于回归模型等诸多预测模型。因此，灰色系统预测方法更适合于信息量少、结构不明确，以及难于进行实验的输电工程造价系统等的建模与研究(仲勇等，2016)。

通常将灰色理论的微分方程型模型称为灰色系统预测模型，即GM 模型。其中,GM(1,1)表示 1 阶、1 个变量的微分方程模型;GM(1,N)表示 1 阶、N 个变量的微分方程模型。

普遍意义上说，灰色系统预测是指利用 GM(1,1)模型，预测系统行为特征值的发展变化趋势；估计行为特征值中的异常值出现的时间；分析并计算出特定时区发生的事件的未来分布时间；整体研究系统波形与杂乱波形的未来趋势(郇滢等，2016)。因此，本节重点介绍 GM(1,1)建模过程，并在输电工程造价动态造价指标值的预测方面具体应用该模型。

该模型是由一个只包含单变量一阶微分方程构成的模型，属于灰色系统模型之一，构建 GM(1,1)预测模型的基本步骤如下所示。

首先，对原始数据序列 $X^0=(X^0(1),X^0(2),\cdots,X^0(m))$ 作一次累加生成序列(1-AGO)，得到累加生成序列如式 (4.16) 所示:

$$x^1(q) = (x^0(1), x^0(1) + x^0(2), \cdots, x^0(1) + \cdots + x^0(m)) = (x^1(1), x^1(2), \cdots, x^1(m))$$

$$(4.16)$$

式中，$X^1(q) = \sum_{i=1}^{q} X^0(i), q = 1, 2, \cdots, m$。

X^1 的紧邻均值生成序列如式 (4.17) 所示。

$$Z^1 = [Z^1(2), Z^1(3), L, Z^1(m)] \qquad (4.17)$$

式中，$Z^1(q) = 0.5X^1(q) + 0.5X^1(q-1)$，$q = 2,3,\cdots,m$。

建立灰色微分方程：

$$X^0(q) + aZ^1(q) = b, \quad q = 2,3,\cdots,m \tag{4.18}$$

其次，构造常数项 $\boldsymbol{Y}$ 和累加矩阵 $\boldsymbol{B}$：

$$\boldsymbol{Y} = \left[X^0(2), X^0(3), \cdots, X^0(m) \right]^{\mathrm{T}}; \boldsymbol{B} = \begin{bmatrix} -Z^1(2) & 1 \\ -Z^1(3) & 1 \\ \vdots & \vdots \\ -Z^1(m) & 1 \end{bmatrix}$$

采用最小二乘法，估计参数列 $p=(a,b)^{\mathrm{T}}$ 求得 $g(p)=(Y-Bp)^{\mathrm{T}}(Y-Bp)$ 达到最小值的 p 的估计值为

$$\hat{\boldsymbol{p}} = \left[\hat{a}, \hat{b} \right]^{\mathrm{T}} = (\boldsymbol{B}^{\mathrm{T}}\boldsymbol{B})^{-1}\boldsymbol{B}^{\mathrm{T}}\boldsymbol{Y} \tag{4.19}$$

其中，利用灰色微分方程求得的参数列，建立相应的白化微分方程，即 $GM(1,1)$ 预测模型一般形式如式 (4.20) 所示：

$$\frac{\mathrm{d}X^1}{\mathrm{d}t} + \hat{a}X^1(t) = \hat{b} \tag{4.20}$$

求解所得式 (4.20) 的离散响应，即 X^1 的灰色系统预测模型，如式 (4.21) 所示：

$$\hat{X}^1(q+1) = \left(X^0(1) - \frac{\hat{b}}{\hat{a}} \right) \mathrm{e}^{-\hat{a}q} + \frac{\hat{b}}{\hat{a}} \tag{4.21}$$

式中，$q=0,1,\cdots,n-1,\cdots$。

再次，对 X^1 做一次累减还原得到原始数据 X^0 的预测模型如式 (4.22) 所示：

$$\hat{X}^0(q+1) = \left[\hat{X}^1(q+1) - \hat{X}^1(q) \right] = (1-\mathrm{e}^{\hat{a}})\left(X^0(1) - \frac{\hat{b}}{\hat{a}} \right)\mathrm{e}^{-\hat{a}q} \tag{4.22}$$

最后，为了保证此处分析模型的可靠性，还应该对该预测模型的精度进行检验。首先，计算均方差比值 C 和小误差概率值 P。其次，判断 C 值和 P 值是否都在允许范围之内（精度等级划分参见表4-7），若两个值都在允许范围内，则预测模型检验通过，可以用此模型预测，否则需要通过修正残差，然后再建模进行预测。

表 4-7　GM(1,1)预测模型精度等级

模型精度等级	小误差概率值 P	均方差比值 C
一级（好）	> 0.95	< 0.35
二级（良好）	> 0.80	< 0.50
三级（合格）	> 0.70	< 0.65
四级（不合格）	< 0.70	> 0.65

(二)神经网络BP模型

1. BP神经网络基本原理

BP 神经网络是一种由信号前向传递与误差反向传递两个过程组成的多层前馈神经网络。该神经网络的输出信号通过前向传播方式产生，再通过反向传播，而该神经网络的输出值同期望输出值之间的偏差则通过反向传播方式缩小。最后，再经过神经网络反复学习与训练，确定对应最小误差的各个神经网络参数。

2. BP神经网络模型构建程序

第一步，给BP神经网络一组输入样本，通过不断训练该网络，使其各神经元的阀值和权值均得到相应调整与修正，当网络输出能够准确地逼近给所定训练样本的输出时，该网络完成训练过程即可终止(凌云鹏等，2012)。假定给定 N 对样本 (X_k, Y_k) 其中 $k=1,2,\cdots,N$，从输入层到隐含层，以及从隐含层到输出层的传递函数 f 采用 Sigmoid 函数，即

$$f(x) = \frac{1}{1 + \exp(-x)} \tag{4.23}$$

第二步，对于第 1 层的第 i 个单元，当输入第 m 个样本时，正向传播的函数为

$$\text{net}_{jm}^l = \sum_j w_{ij}^l p_{im}^l + b_j^l \tag{4.24}$$

式中，w_{ij}^l 为隐含层第 j 个神经元与输入层第 i 个神经元之间的连接权值；p_{im}^l 为输入第 m 个样本时第 i 个单元的输出值；b_j^l 为隐含层节点 j 的阈值。

BP 网络的连接阈值和权值的调整与修正过程就是误差的反向传播过程。定义误差函数为

$$E_k = \frac{1}{2} \sum_i \left(Y_{jk} - \overline{Y}_{jk} \right)^2 \tag{4.25}$$

式中，Y_{jk}、$\overline{Y}_{jk}$ 分别为输出层节点 k 的实际输出和期望输出。总误差为

$$E = \frac{1}{2N} \sum_{k=1}^N E_k \tag{4.26}$$

第三步，任意选取权系数初值，调整隐含层与输入层的权值 w_{ij}^l，其调整量为

$$w_{ij} = w_{ij} - \mu \frac{\partial E}{\partial w_{ij}} \tag{4.27}$$

式中，$\mu(0 \leq 1)$ 为学习速率。

$$\frac{\partial E}{\partial w_{ij}} = \sum_{k=1}^N \frac{\partial E_k}{\partial w_{ij}} \tag{4.28}$$

同理，可以获得隐含层与输入层，以及隐含层与输出层之间的阀值调整量。

第四步，重复上述正向传播过程与反向传播过程，直到 $E < \varepsilon$ 时为止(其中 ε 为给定精度)。

二、基于 GM(1,1)-BP 组合预测的动态造价指标值间接预测模型构建

工程造价指数组合预测模型建模思路：构建工程造价指数组合预测模型的实质是先采用灰色系统预测模型 GM(1,1)，对已知连续年度的输电工程造价指数样本仿真，将仿真结果进行检验以验证 GM(1,1)预测的有效性。然后将经过 GM(1,1)预测仿真所得的指数数据作为 BP 神经网络模型系统的输入量，而原始样本实际指数数据作为期望值，对 BP 神经网络进行训练，获得相应的阈值和权值。再次采用调整好的 BP 神经网络对 GM(1,1)关于未来连续年度造价指数数据进一步修正，已获得最终的未来连续年度输电工程造价指数。最后，通过预测所得造价指数测算出未来连续各年度输电工程动态造价指标值，从而达到对输电工程动态造价指标值间接预测的目标。

虽然 GM(1,1)模型和 BP 神经网络模型在预测分析方面都得到了很好的运用，但由于不同模型都包含了一定的样本信息，单独一个模型难以全面反映变量的变化规律，所预测的结果往往精确度不够。而将两种或多种模型进行有机结合，使组合模型能够充分利用现有信息，使该预测系统的变化规律得到全面反映，同时，组合模型能够大大降低预测结果的随机性，进一步提高预测的精确度。构建 GM(1,1)-BP 组合预测模型具体程序如下所示。

第一步，将一组原始样本数据输入到 GM(1,1)模型系统中进行分析与预测（具体过程参见前文），得到单一 GM(1,1)模型预测数据。

第二步，将经过 GM(1,1)预测所得数据作为 BP 神经网络模型系统的输入量，而原始样本数据作为期望值，对 BP 神经网络进行训练，获得相应的阀值和权值。具体训练步骤如下。

(1)连接权值初始化。由于网络训练初始阶段其连接权值为未知数，通常用较小的随机数作为各层连接权值的初始值。

(2)计算各层神经元的输出值。具体计算过程如式(4.29)和式(4.30)所示。

$$y_j = f_1\left(\sum_{i=0}^{n_1} w_{1ji}x_i + b_i\right), \quad j = 1, 2, \cdots, n_2 \tag{4.29}$$

$$z_k = f_2\left(\sum_{j=0}^{n_2} w_{2ji}y_j + b_j\right), \quad k = 1, 2, \cdots, n_3 \tag{4.30}$$

式(4.29)和式(4.30)中，f_1 为 sigmoid 函数；f_2 为线形函数；w_{1ji} 为输入层与隐含层之间的连接权值；w_{2ji} 为隐含层与输出层之间的连接权值；n_1 为输入层神经元个数；n_2 为隐含层神经元个数；n_3 为输出层神经元个数。

(3)连接权值的修正。由于采用梯度下降法，使每一次连接权值的修正量与误差函数的梯度成正比，从输入层反向传递到其他各层。最终，获得其他各层的连接权值修正量。具体计算过程如式(4.31)和式(4.32)所示。

$$\Delta w_{2kj} = -\eta\frac{\partial E}{\partial w_{2kj}} = \eta(t_k - z_k)f_2'y_j, \quad k = 1, 2, \cdots, n_3; j = 0, 1, \cdots, n_2 \tag{4.31}$$

$$\Delta w_{1ji} = -\eta\frac{\partial L}{\partial w_{1ji}} = \eta\left[\sum_{k=i}^{n_3}(t_k - z_k)f_2'w_{2kj}\right]f_1'x_i, \quad j = 1, 2, \cdots, n_2; i = 0, 1, \cdots, n_1$$

$$\tag{4.32}$$

式中，η 为学习速率；f_1'、f_2' 为激活函数，即 f_1、f_2 的导数；t 为样本输出值；z 为实际输出值。

最后，将初始权值与对应的调整量相加计算出新的权值，如此循环直至输出层误差达到设定值为止。

(4)预测目标对象及其未来变化趋势。

三、基于 GM(1,1)-BP 组合模型的输电工程动态造价指标值间接预测仿真

在建筑工程领域内，一般根据当期的建设工程造价指数测算并比较当期建设工程动态造价。但就实际情况而言，我们仅能获得并依据前期或更前期建设工程造价指数来测算并比较当期动态造价。由于测算时直接采用的是前期工程动态造价数据，所以预测结果较实际值会有较大误差，不能用于当前工程动态造价确定与控制，也

不能准确反映出未来工程动态造价的变化趋势。因此，本书采用灰理论系统中 GM(1,1)与 BP 神经网络组合模型分析历史建设工程的相应数据，对当期和未来期的工程动态造价指数及其变化趋势做出准确预测。然后，通过对当期及未来期造价指数测算，获得当前及未来期工程动态造价，实现对输电工程动态造价指标值的间接预测，使电网公司通过预测未来年度总体平均动态造价水平来划定该年度个体动态造价合理范围。同时可以为电网公司在输电工程前期投资决策阶段方案比选提供重要参考依据，也有其对助于输电工程建设后期所形成的动态造价有效控制。另外，需要注意的是，当采用 GM(1,1)模型进行造价指数持续预测时，需要不断利用新数据替换老数据，这样可以避免随着不确定因素逐步增加，计算机内存不断扩大，运算量不断增加而带来的计算困难，又能够满足计算机自学习的要求，提高运算精度与速度。

(一)输电工程造价指数预测仿真分析

1. GM(1,1)模型预测仿真

依据本书第三章中，经过指数模型测算出 2010～2016 年我国 S 省电网输电工程造价指数，建立 GM(1,1)输电造价指数体系。选取 2010～2016 年的指数为实验样本，预测 2010～2016 年当期输电工程单位造价指数，预测过程及结果参见图 4-5。然后与第三章中搜集并测算出的当期各年实际工程总体平均造价指数(表 3-9)对比分析，预测误差绝对值都在 5%左右，如表 4-8 所示，说明造价指数预测结果较为理想。

表 4-8　220kV 输电工程造价指数预测

年份	2010	2011	2012	2013	2014	2015	2016
造价指数	100	107	111	118	117	115	105
预测指数	100	111.10	112.13	113.15	113.18	112.21	107.24
绝对误差	0	4.10	1.13	−4.85	−3.82	−2.79	2.24
相对误差/%	0	3.83	1.02	−4.11	−3.26	−2.43	2.13

注：预测结果保留小数点后两位。

2. GM(1,1)模型精确度检验

计算预测误差均值：

$$\bar{\varepsilon} = (4.1+1.13+4.85+3.82+2.79+2.24)/6 = 3.16 \qquad (4.33)$$

预测误差均方差：

$$S_2 = \sqrt{\frac{1}{6}\left[(4.1-3.16)^2+(1.13-3.16)^2+(4.85-3.16)^2+(3.82-3.16)^2+(2.79-3.16)^2+(2.24-3.16)^2\right]}$$
$$=1.24$$

$$(4.34)$$

原始数列均值：

$$(107+111+118+117+115+105)/6=112.17 \qquad (4.35)$$

原始数列均方差：

$$S_1 = \sqrt{\frac{1}{6}\left[(107-112.17)^2+(111-112.17)^2+(118-112.17)^2+(117-112.17)^2+(115-112.17)^2+(105-112.17)^2\right]}$$
$$=4.91$$

$$(4.36)$$

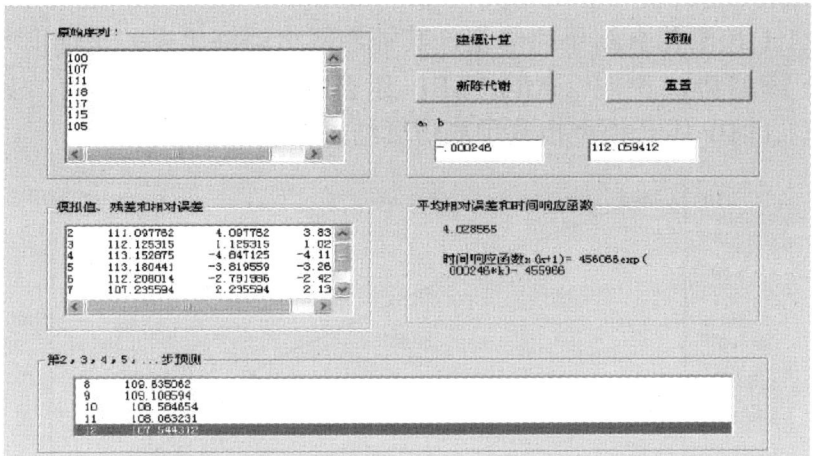

图 4-5　输电工程造价指数预测过程实现界面

计算均方差比：

$$C = S_2 / S_1 = 1.24 / 4.91 = 0.25 < 0.5 \qquad (4.37)$$

计算小误差概率：

$$\varepsilon = 0.6745 \times S_1 = 3.31$$

已知 $S_2 = 1.24$，则 $DX = 1.54$。

参见式(4.34)计算可得 P 值：

$$P = P\left\{\left|\varepsilon(k) - \overline{\varepsilon}\right| < 0.6745S_1\right\} = P\left\{\left|\varepsilon(k) - \overline{\varepsilon}\right| < 3.31\right\} \geq 1 - DX / \varepsilon^2 \tag{4.38}$$
$$= 0.86 > 0.8$$

式中，$\varepsilon(k)$ 为第 k 个预测误差，$k = 1, 2, \cdots, 6$；$\overline{\varepsilon}$ 为预测误差均值。结合小误差概率比值 P 与均方差比值 C，对照表 12-1 后可以确定模型精度为二级，说明预测结果可靠，预测效果较高。

3. GM(1,1)-BP 组合模型预测仿真

将经过 GM(1,1)预测所得指数(参见表 4-8)作为 BP 神经网络输入量，原始指数作为 BP 神经网络的期望值，对 BP 神经网络进行训练，经过不断的训练，最终确定 BP 神经网络结构为：输入层和输出层各 7 个神经元，隐含层 10 个神经元，第一层传递函数为 logsin，第二层传递函数为 pureline。如图 4-6 所示，经过 BP 神经网络对 GM(1,1)预测仿真结果的修正，其神经网络训练集误差呈现出大幅度下降趋势，说明 GM(1,1)-BP 组合模型预测更加精确，具体 GM(1,1)-BP 组合模型指数预测仿真结果如表 4-9 所示。

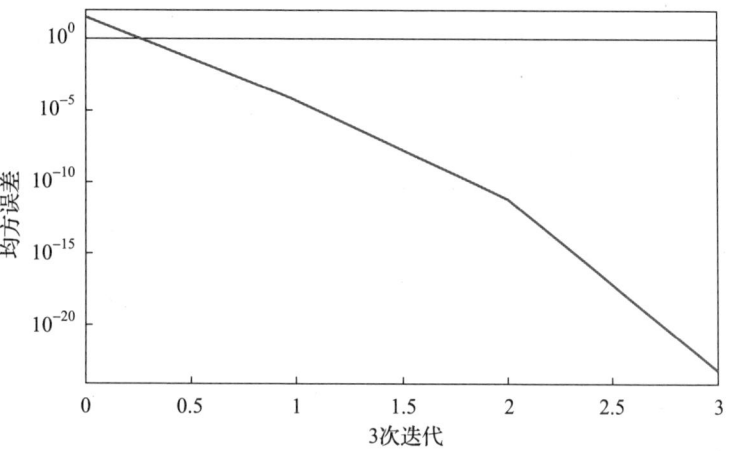

图 4-6　训练样本误差趋势图

第四章 输电工程造价指标值预测模型研究 ·127·

表 4-9 GM(1,1)-BP 组合模型指数预测结果

年份	2010	2011	2012	2013	2014	2015	2016
原始造价指数	100	107	111	118	117	115	105
GM(1,1)-BP 预测指数	100	108.91	112.13	115.45	118.14	113.97	104.10
绝对误差	0	1.91	1.13	−2.55	1.14	−1.03	−0.90
相对误差/%	0	1.79	1.02	−2.16	0.97	−0.90	−0.86

（二）GM(1,1)-BP 组合模型与单一 GM(1,1)模型造价指数仿真对比

通过计算结果发现，无论是在造价指数的绝对预测误差方面，还是在造价指数相对误差方面，采用 GM(1,1)-BP 组合模型的预测仿真效果均优于单一采用 GM(1,1)模型的预测仿真效果，如表 4-10 所示，组合模型预测相对误差均值为 1.28%，而单一模型预测总体相对误差均值为 2.80%，组合预测在单一预测的基础上相对误差均值下降了 54.29%。说明 GM(1,1)-BP 组合模型与单一采用灰色理论建立的 GM(1,1)预测模型相比，采用灰色 GM(1,1)模型和神经网络 BP 模型相结合对指数进行预测，预测精度更高。因为该组合模型的优势表现在有效地弱化了灰色理论模型数据波动性，同时又充分利用了神经网络处理非线性特点，从而克服了单一 GM(1,1)模型的在时间序列预测过程中存在的不足，从而使组合模型具有较高的预测精度。

表 4-10 模型组合预测与单一预测效果对比

年份	2011	2012	2013	2014	2015	2016	平均相对误差绝对值/%
GM(1,1)预测绝对误差/%	4.10	1.13	−4.85	−3.82	−2.79	2.24	
GM(1,1)-BP 预测绝对误差	1.91	1.13	−2.55	1.14	−1.03	−0.90	
GM(1,1)预测相对误差/%	3.83	1.02	−4.11	−3.26	−2.43	2.13	2.80
GM(1,1)-BP 预测相对误差/%	1.79	1.02	−2.16	0.97	−0.90	−0.86	1.28

另外，本书依据"国民经济发展，电力先行的规律"这一世界各国公认规则，结合我国电网建设工程 5 年规划要求，基于灰色系统预测模型 GM(1,1)更适宜对中短期时间序列动态造价数据预测的特点，采用前文已经训练好的 GM(1,1)-BP 组合模型对 S 省未来

·128· 输电工程造价指标及其值预测研究

2017～2021 年内输电工程造价指数做进一步的预测仿真，从而为电网公司制定该地区制定输电工程造价政策提供重要的数据参考(杜英等，2017)，同时，通过相应年度指数测算，获得该年度的输电工程动态造价指标，以衡量该年度的输电工程总体平均造价水平，为电网公司未来规划与建设提供重要参考。具体仿真过程如下。

首先，如图 4-5 所示，将采用 GM(1,1)预测所得的 2017～2021 年度输电工程造价指数作为 BP 神经网络测试数据。然后，调用之前已经训练好的神经网络对该数据进一步修正已获得最终的预判数据。预测结果如表 4-11 和图 4-7 所示。

表 4-11　指数趋势仿真

预测年份	2017	2018	2019	2020	2021
GM(1,1)预测指数	109.64	109.11	108.58	108.06	107.54
GM(1,1)-BP 预测指数	110.56	109.58	105.94	104.19	104.41

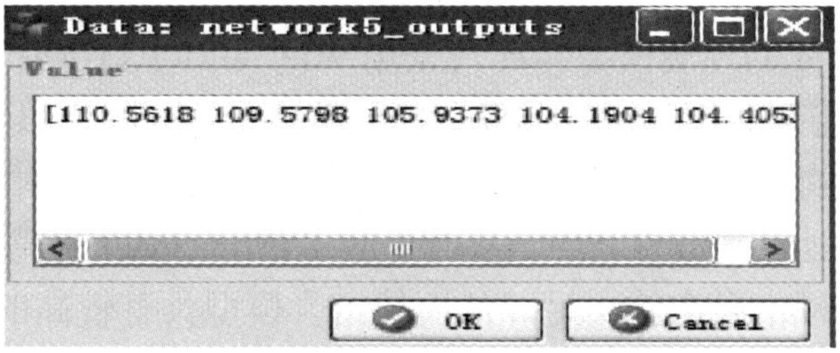

图 4-7　GM(1,1)-BP 组合模型预测指数结果实现界面

其次，采用前文所编制的输电工程单价指数系列，乘以新基期(2016 年)输电工程单位造价(单位动态投资=240.47 万元/km)，还原其他各年度 220kV 输电工程单位造价，即获得了相应年度的输电工程动态造价指标值，具体结果如表 4-12 所示。可以将本书间接预测所获得的未来年度输电工程动态造价指标值对待建设输电工程个体动态造价进行有效控制。

表 4-12　动态造价指标仿真

预测年份	2017	2018	2019	2020	2021
输电工程总体平均造价/(万元/km)	265.86	263.51	254.75	250.55	251.07

参 考 文 献

安磊, 张洁, 齐霞, 等. 2016. 基于随机森林输变电线路工程造价估算研究[J]. 控制工程, 23(11): 1841-1844.

陈安伟. 2012. 智能电网技术经济综合评价研究[D]. 重庆: 重庆大学.

陈洁, 侯凯. 2016. 输变电工程造价合理性评价方法研究[J]. 南方电网技术, 10(8): 95-101.

陈理敏. 2012. 建设工程造价指数的编制与应用[J]. 建设监理, (12): 29-31.

陈通, 任登魁, 朱玲玲. 2015. 我国政府投资项目管理新机制的实践与创新研究[J]. 管理世界, (4): 178-179.

崔文琴, 黄丽艳. 2011. 浅谈工程计价指数[J]. 中国城市经济, (6): 211-212.

戴朝晖, 高立业, 刘秀霞. 2011. 水电工程造价体系中基础数据采集分析及格拉布斯判别法的应用[J]. 中国工程咨询, (11): 39-41.

邓聚龙. 2002. 灰理论基础[M]. 湖北: 华中科技大学出版社: 36-60.

杜英, 苟全峰, 王超, 等. 2017. 变电站工程造价指数与宏观经济关系研究[J]. 价格理论与实践, (7): 93-96.

方向, 张旺, 凌俊斌. 2015. 粗糙集理论在输变电工程造价风险评价指标体系优化中的应用[J]. 土木工程与管理, 32(4): 40-47.

冯瀚, 任昊, 张沛, 等. 2015. 未来实际输电线路利用率估算及应用[J]. 电力系统及其自动化学报, 27(2): 39-43.

耿鹏云, 安磊, 王鑫. 2018. 基于数据挖掘技术的输电工程造价预测模型的建立与实[J]. 现代电子技术, 16(4): 61-66.

郭崇, 王征. 2015. 基于物联网和大数据的电力工程造价分析[J]. 工程经济, (11): 18-22.

郭琦, 卢雅欢, 陈志鼎, 等. 2016. MLR 和 SVM 模型在水电工程价格指数预测中的应用[J]. 水电能源科学, 34(10): 146-149.

郭彦兰, 崔利荣, 张晨宇. 2007. 统计控制图的异常判断准则分析[J]. 数理统计与管理, (5).

郝建新. 2004. 美国工程造价管理[M]. 天津: 南开大学出版社.

郇滢, 兰惠清, 林楠, 等. 2016. 基于小波变换的 GM(1, 1)-ARMA 组合预测模型对悬索管桥的应变预测[J]. 应用科学学报. 34(1): 95-104.

季咏梅, 吴东平, 彭瀛. 2014. 变电工程造价影响因素分析-基于 SPSS 软件主成分分析法[J]. 经营与管理, (2): 125-130.

揭贤径. 2013. 风电建设项目全过程造价管理研究[D]. 大连: 大连海事大学.

李光辉. 2009. 电力生产概论[M]. 北京: 中国电力出版社.

李敬如, 赵彪. 2010. 输变电工程综合造价指数分析方法[J]. 能源技术经济, 22(11): 36-39.

梁喜, 刘雨. 2017. 基于模糊神经网络的建筑工程造价预测模型[J]. 技术经济, 36(3): 109-112.

凌云鹏, 阎鹏飞, 韩长占, 等. 2012. 基于 BP 神经网络的输电线路工程造价预测模型[J]. 中国电力, 45(10): 95-99.

刘宏志, 屠庆波, 韩延峰. 2014. 大数据环境下的电网工程造价分析管控体系研究[J]. 华东电力, 42(12): 2723-2727.

刘玲, 谢瑞芳. 2016. 大数据背景下工程造价信息资源共享研究[J]. 建筑经济, 37(1): 49-51.

刘思聪, 周步祥, 宋洁, 等. 2018. 基于权重系数的变电工程造价敏感性分析[J]. 水电能源科学. 36(2): 200-203.

刘思峰. 2017. 灰色系统理论及其应用[M]. 北京: 科学出版社.

刘卫东, 石华军, 路妍, 等. 2016. 基于ARIIVIA-ES混合模型的电网工程造价指数预测[J]. 管理评论, 28(3): 45-53.

刘伊生. 2009. 工程造价管理基础理论与相关法规[M]. 北京: 中国计划出版社.

刘振亚. 2014. 国家电网公司输变电工程通用造价 220kV 输电线路分册(2014)[M]. 北京: 中国电力出版社.

龙会典. 2013. 基于SARIMA、GM(1, 1)和BP神经网络集成模型的GDP时间序列预测研究[J]. 数理统计与管理, 32(5): 814-822.

卢艳超, 郑燕, 赵彪. 2012. 输变电工程外部环境影响分析[J]. 中国电力, 45(10): 100-103.

路石俊. 2010. 内蒙古500kV变电站全生命周期成本管理研究[D]. 北京: 华北电力大学.

路妍. 2016. 基于目标控制的电网工程造价动态管理模型研究[D]. 北京: 华北电力大学.

马楠, 马永军, 张国兴. 2014. 工程造价管理[M]. 北京: 机械工业出版社.

马忠苗. 2010. 工程量清单计价在建设工程造价管理中的应用[J]. 价值工程, 12(4): 200-205.

牟强, 贾广社. 2018. 改进固定工期大中型工程的完工成本估算[J]. 中国管理科学, 26(4): 180-187.

彭光金. 2010. 小样本工程造价数据的智能学习方法及其在输变电工程中的应用研究[D]. 重庆: 重庆大学.

彭光金, 俞集辉, 韦俊涛, 等. 2009. 特征提取和小样本学习的电力工程造价预测模型[J]. 重庆大学学报(自然科学版), 32(9): 1104-1110.

戚安邦. 2000. 工程项目全面造价管理[M]. 天津: 南开大学出版社.

戚安邦, 孙贤伟. 2005. 论建设项目工程造价管理范式的科学转换[J]. 南开管理评论, 8(4): 73-79.

申桂英, 胡向真. 2014. 建设工程造价控制的系统工程方法研究[J]. 系统科学学报, 22(2): 65-69.

宋宗耘, 牛东晓, 肖鑫利, 等. 2017. 基于改进萤火虫算法优 SVM 的变电工程造价预测[J]. 中国电力, 50(3): 168-173.

孙安黎, 向春, 伍烩熙. 2018. 基于 BP 神经网络的输电线路工程造价预测模型研究[J]. 现代电子技术, 41(2): 79-82.

孙永彦, 杨晶. 2017. 基于 MVC 的电网工程造价管理系统的开发与设计[J]. 现代电子技术, 40(22): 19-21.

王朝晖, 曹阳. 2014. 我国建安工程费项目组成及计价模式发展述评[J]. 建筑经济, (5): 47-50.

王慧红, 林洛阳. 2014. GM(1,1)模型的预测精度及应用[J]. 统计与决策, (8): 76-78.

王佼. 2012. 500kV 架空输电线路工程造价主要影响因素分析[J]. 东北电力大学学报, 32(5): 9-11.

王佼. 2013. 500kV 变电工程造价主要影响因素分析[J]. 工程管理学报(优先出版), 26(6): 66-69.

王佼, 丁乐群. 2008. 基于输电工程造价关键影响因素的综合预测模型研究[J]. 华东电力, 36(11): 111-113.

王佼, 刘艳春. 2016a. 基于 MLRA 技术的变电工程造价新评价指标体系研究[J]. 数学的实践与认识, 2(8): 117-124.

王佼, 刘艳春. 2016b. 应用灰关联分析的 PSO-SVR 工程造价预测模型[J]. 华侨大学学报(自然科学版), 11(20): 708-713.

王捷, 吴国忠, 李艳昌. 2009. 蚁群灰色神经网络组合模型在电力负荷预测中的应用[J]. 电力系统保护与控制, 37(2): 48-52.

王绵斌, 张洁, 谢品杰. 2012. 基于工程量清单计价模式的输变电工程造价风险评估模型[J]. 电力建设, 33(12): 91-96.

王瑞霞. 2006. 建设项目工程造价全过程管理方法探讨[D]. 西安: 西安理工大学.

王振强. 2004. 英国工程造价管理[M]. 天津: 南开大学出版社.

韦俊涛. 2009. 电力工程造价小样本估算模型研究[D]. 重庆: 重庆大学.

吴小明, 李欢欢, 王绵斌, 等. 2014. 220kV 输电工程结算阶段造价评价指标模型研究和应用[J]. 华北电力技术, 11(25): 36-39.

吴学伟. 2009. 住宅工程造价指标及指数研究[D]. 重庆: 重庆大学.

夏华丽, 汪景. 2016. 电网工程造价标准体系框架建设研究[J]. 企业管理, (12): 70-71.

徐国祥. 2004. 统计指数理论及应用[M]. 北京: 中国统计出版社.

徐馄耀, 谢兵, 杨蕴华, 等. 2011. 聚类改进算法在电力工程造价估算中的应用[J]. 电网技术, 35(11): 282-286.

徐憬怡. 2016. 电力工程项目全过程造价控制探索[J]. 企业管理. (12): 120-121.

徐蓉. 2014. 工程造价管理[M]. 上海: 同济大学出版社.

尹贻林. 2002. 中国内地与香港工程造价管理比较[M]. 天津: 南开大学出版社.

于志恒. 2016. 基于智能理论的交通流量组合预测模型研究[D]. 长春: 东北师范大学.

俞集辉, 韦俊涛, 彭光金, 等. 2009. 基于人工神经网络的参数灵敏度分析模型[J]. 计算机应用研究, 26(6): 2279-2284.

袁景凌, 李小燕, 钟路. 2010. 遗传优化的灰色神经网络模型比较研究[J]. 计算机工程与应用, 46(2): 41-43.

张冠洲, 许志明. 2004. 应用格拉布斯法编制建筑技术经济指标计算程序[J]. 江苏建筑, (1): 22-25.

张晚, 何青, 魏靖一. 2016. 覆冰架空输电线路空间曲线计算[J]. 中国电力, 49(4): 49-54.

张妍, 齐霞, 张岩, 等. 2017. 输电技改工程造价费用因子重要度分析[J]. 工程经济, 1(1): 11-15.

赵振宇, 吕乾雷, 游维扬, 等. 2008. 农村电网 35kV 输电线路工程造价评价指标模型[J]. 电网技术, 32(14): 96-100.

仲勇, 陈智高, 周钟. 2016. 大型工程项目资源配置模型及策略研究——基于系统动力学的建模和仿真[J]. 中国管理科学, 24(3): 125-132.

周和生, 尹贻林. 2008. 建设项目全过程造价管理[M]. 天津: 天津大学出版社: 88-100.

周黎莎. 2013. 智能电网低碳效益关键指标选取与评价模型研究[D]. 北京: 华北电力大学.

朱思义. 1995. 建设工程造价及建设工程造价管理有关名词术语的界定意见[J]. 水利水电工程造价, (1): 10-11.

竹雅东. 2018. 基于 BIM 在建设工程造价管理中的适用性分析[J]. 劳动保障世界, (3): 52.

Ahn B S, Park K S. 2016. Comparing methods for mufti-attribute decision making with ordinal weights[J]. Qperations Research, 35(5): 1660-1670.

Ayadi O, Assad A R, Asfar A J. 2018. Techno-economic assessment of a grid connected photovoltaic system for University of Jordan[J]. Sustainable Cities and Society, (39): 93-98.

Ayodele T R, Ogunjuyigbe A S O. 2016. Wind energy potential of Vesleskarvet and the feasibility of meeting the South African's SANAE IV energy demand[J]. Renew Sustain Energy Rev, 6(56): 26-34.

参 考 文 献

Bhargava A , Labi S, Chen S, et al. 2017. Predicting Cost Escalation Pathways and Deviation Severities of Infrastructure ProjectsUsing Risk-Based[J]. Econometric Models and Monte Carlo Simulation, 32(8): 620-640.

Blomberg D , Cotellesso P, Sitzabee W, et al. 2014. Discovery of internal and external factors causing military construction cost premiums[J]. Journal of Construction Engineering and Management, 140 (3): 190-200.

Bolo G D, Diaz P F J, Gonzalez O D, et al. 2013. Wavelet-Based Denoising for Traffc Volume Time Series Forecasting with Self-Organizing Neural Networks[J]. Computer-Aided Civil and Infrastructure Engineering, 25(7): 530-545.

Cheng M L. 2009. Time series prediction using neural networks with a nonlinear time-varying evolution PSO algorithm[J]. Neurocomputing, (73): 449-460.

Elshaer R. 2013. Impact of sensitivity information on the prediction of project's durationusing earned schedule method[J]. International Journal of Project Management, (31): 579-588.

Feng K X J, Wu L C. 2008. Application of RS-SVM in construction project cost forecasting[C]//International Conference on Wireless Communications, Networking and Mobile Computing. Piscataway: IEEE : 1-4.

Franco K T, Cheunga M S. 2016. Application of cross validation techniques for modelling construction costs during the early design stage[J], Building and Environment, (41): 1973-1990.

Jan E. 2008. Life-Cycle Costing: Using Activity-Based Costing and Monte Carlo Methods to Manage Future Costs and Risks [M]. USA: Wiley: 108.

Sanaz T H, Omid M E. 2017. Omid Mahdi Ebadati. A hybrid conceptual cost estimating mode using ANN and GA for power plant projects[J]. Neural Computing and Applications, 44(18): 29-35.

Shahandashti S M, Ashuri B. 2013. Forecasting engineering news-record construction cost index using multivariate time series models[J]. Journal of Construction Engineering and Management, 139(9): 1237-1243.

Vanhoucke M. 2010. Measuring time-improving Project performance using earned value management[J]. International Series in Operations Research and Management Science, 136(9): 134-161.

Wilmot C G, Mei B. 2005. Neural network modeling of highway construction Costs[J]. Journal of Construction Engineering and Management, 124(3): 210-218.

Zhen Y H, Xi X B. 2010. Construction change factors of direct current transmission line project and their impact on schedule and costs[C]//2nd International Conference on Industrial and Information Systems, Wuhan: IEEE Computer Society: 171-174.